民族之魂

内方外圆

陈志宏◎编著

延边大学出版社

图书在版编目（CIP）数据

内方外圆 / 陈志宏编著 . -- 延吉 : 延边大学出版
社 , 2018.4（2023.3 重印）
（民族之魂 / 姜永凯主编）
ISBN 978-7-5688-4477-2

Ⅰ . ①内… Ⅱ . ①陈… Ⅲ . ①品德教育—中国—青少
年读物 Ⅳ . ① D432.62

中国版本图书馆 CIP 数据核字（2018）第 069119 号

内方外圆

编　　　著：陈志宏
丛 书 主 编：姜永凯
责 任 编 辑：王　静
封 面 设 计：映像视觉
出 版 发 行：延边大学出版社
社　　　址：吉林省延吉市公园路 977 号　　邮编：133002
网　　　址：http://www.ydcbs.com　　E-mail：ydcbs@ydcbs.com
电　　　话：0433-2732435　　　　传真：0433-2732434
发行部电话：0433-2732442　　　　传真：0433-2733056
印　　　刷：三河市同力彩印有限公司
开　　　本：640×920 毫米　　　　1/16
印　　　张：8　　　　　　　字数：90 千字
版　　　次：2018 年 4 月第 1 版
印　　　次：2023 年 3 月第 2 次印刷
ISBN 978-7-5688-4477-2

定价：38.00 元

人有灵魂，国有国魂；一个民族，也有民族魂。

鲁迅先生曾经说过："唯有民魂是值得宝贵的，唯有他发扬起来，中国才有真进步。"

鲁迅先生以笔代戈，战斗一生，曾被誉为"民族魂"。

民族魂，顾名思义，就是一个民族的灵魂！民族魂，是一个民族的精髓，体现了一种民族的精神，是一个民族生存和存在的精神支柱。

什么是中华民族的民族魂？那就是中华民族精神！它是中华民族凝聚力的理念核心，是中华文明传承的基因。它包含热烈而坚定的爱国情感，对生活的美好愿望和追求，为目标努力奋斗的拼搏毅力，为正义事业不惜牺牲自己的精神，以及正确的人生观和价值观。

前 言

翻开浩瀚的中国历史长卷，我们可以看到数不胜数的，体现民族精神和民族魂的英雄人物和可歌可泣的感人故事。

民族魂，不仅体现在爱国主义精神和行动中，而且体现在各个领域自强不息的民族奋斗中。而中华民族精神的力量，更是深深植根于延绵几千年的传统文化之中，始终是维系中华各族人民共同生活的纽带，是支撑中华民族生存和发展的精神支柱，是不断推动中华民族前进的强大动力。

民族魂体现在"重大义，轻生死"的生死观中；民族魂体现在"国家兴亡，匹夫有责"的使命感中；民族魂体现在"我以我血荐轩辕"的大无畏精神中；民族魂体现在将国家利益置于最高的爱国情怀中！

　　纵观中华五千年文明史，曾经有多少杰出的政治家、军事家、思想家、文学家、科学家、艺术家；曾经有多少忧国忧民、鞠躬尽瘁的仁人志士；曾经有多少抗击外敌、英勇献身的民族英雄。他们或顺应历史潮流，积极改革弊政，励精图治，治国安邦，施利于民；或为人类进步而不断进行着农业、工业、科技、社会等各种创新；或开发和改造河山，不断创造着灿烂的中华文明；或英勇反击外来侵略，捍卫着国家主权和民族尊严；或坚决反对民族分裂，维护国家的统一……他们从不同的侧面，体现了中华民族的民族魂，谱写了几千年中华文明的壮丽诗篇，铸造了中华民族高尚而坚不可摧的"民族之魂"。

　　民族魂，就是爱国魂。从屈原在汨罗江边高唱的《离骚》，到文天祥大义凛然赴死前的"人生自古谁无死，留取丹心照汗青"的诗句；从岳飞的岳家军抗击入侵金兵，到郑成功收复台湾；从血雨腥风的鸦片战争，到硝烟弥漫的十四年抗战，再到抗美援朝的隆隆炮声……哪个为国捐躯的英雄不是可歌可泣的？

　　民族魂，就是奋斗魂。从勾践卧薪尝胆，到司马迁秉笔直书巨著《史记》；从鉴真东渡传播佛法终在第六次成功，到詹天佑自力更生建铁路；从袁隆平百次实验成为"水稻之父"，到屠呦呦的青蒿素获得诺贝尔奖……哪个不是历经艰难，最终取得成功？

　　民族魂，就是改革献身魂。从管仲改革到商鞅变法；从王安石变法到百日维新……哪次变法图强不是要冲破

民族之魂

旧势力的阻挠，或流血牺牲？

民族魂，就是创新魂。古有毕昇发明活字印刷，今有王选计算机照排；古有指南针、造纸术、火药、浑天仪、地动仪的发明，今有神舟号的相继飞天……哪个不是中华民族的智慧结晶？

自古以来，多少仁人志士为了维护人格的尊严和民族气节，以生命为代价！留下了"玉可碎不可污其白，竹可断不可毁其节"的称颂；有多少英雄豪杰，为理想和事业奋斗，面对死亡的威胁，大义凛然；有多少爱国壮士面对侵犯祖国的列强，挺身而出而献出生命。

伟大的中华民族孕育了五千年的辉煌，五千年的历史留下了璀璨的中华文明。

前言

中国人的血脉流淌着顽强不屈的精神！我们的先辈用血汗和生命铸就了不朽的中华民族魂！换得如今中华大地的一片祥和安宁，换得我们现在的幸福生活。如今，我们要实现习近平主席提出的中国梦，依然需要我们秉承祖辈留下的这种"民族魂"。

青少年是国家的希望，亦是民族的未来。因此，爱国主义教育和励志图强教育要从青少年开始。为了增强对青少年的民族精魂和志向教育，我们精心编写了本套丛书——《民族之魂》丛书。

本套丛书将我国有史以来体现民族精神和民族魂的典型事迹，以通俗易懂的语言故事形式展现出来，适合青少年的阅读水平和欣赏角度。书中提供的人物和事件等故事，涉及社会的各个方面，有利于青少年学习和理解，使读者能全方位地领悟中华民族精神。

为了帮助读者更好地理解和吸收故事的精神，编者在每篇故事后还给出了"心灵感悟"，旨在使故事更能贴近现实社会，让读者结合自身的需要学习领会，引发读者更深入的思考。

希望读者们可以从本套图书中获得教益，通过阅读，真正体会到中华民族之魂所在，同时能汲取其精华，不断提升自己各方面的素质和品格，为祖国新时代的建设和发展做出努力。

全套丛书分类编排，内容详尽，风格独具，是广大读者尤其是青少年爱国励志教育的优秀阅读材料。相信本套丛书一定可以成为青少年朋友的良师益友。

　　"中庸"一词出自记述孔子及其弟子言行的《论语》一书。孔子说："中庸之为德也，其至矣乎，民鲜久矣。"意思是说，中庸作为一种美德，是最高的境界了，但是普通的老百姓缺乏这种美德已经很久了。

　　两千多年前，孔子就有了这样的感叹，当今社会亦是这样，有一股力量诱导人们信奉"变化"的观念，以为变化都是朝着美好方向发展，甚至为了变化，不惜以破坏为手段，达到所谓"不破不立"的目的。可是"破"容易，"立"就难了，结果我们毁坏了很多宝贵的东西，把不该丢失的思想和智慧也否定了。例如，为人处世的优良传统，包括中庸思想中的良知、诚信、大度、谦虚等，被众多人所摒弃，以致人们的心智被蒙蔽。

　　观念是在不断变化的，而文化则是不断沉淀的。变化的是枝枝叶叶，如若华盖，洒下一片浓荫，但根脉是不能变的，它紧紧地抓住大地，让我们今天仍有一种"恒常不易"的归属感。沉淀下的是富于底蕴的精华，它铺垫人文的思想，架构处世的思维，培养人们的道德文化。

　　长时间以来，许多人因为一知半解，对中庸守庸之道在理解上存在许多谬误，认为中庸即是甘为平庸，丢弃个性。其实不然。中庸做人内涵非常丰富，人的智慧各有不同，有人好逞能示强，有人唯唯诺诺，最聪明的人总是尽其所能，量力而行。凡此种种，可推及所有事物之中，如修身、求学、处世、立事、齐家、治国、平天下。所以，为人为友为政都离不开中庸哲学。

关于"庸"的含义，我国北宋理学家、教育家程颐认为："不易之谓庸"，"庸者，天下之定理"；南宋理学家朱熹认为："庸，平常也。"可见"庸"的含义，就是平凡、平常、平易可行，是与怪异、险僻、神秘相对而言的，因而含有"普遍适用"之意。

为人处世要超越小技巧，寻找大智慧。中庸处世不是不讲原则立场，也不是墙头草随风倒，更不是"和稀泥"，它的核心是"不倚"，也是体现大智慧的最佳状态。

孔子曾说："君子中庸，小人反中庸。"意思是说，君子一言一行所作所为都合乎中庸的道理，小人所作所为都违反中庸的道理。也正因为此，中庸成了中国古代千百年来恪守的准则之一。

在现代看来，中庸是一种为人之道、一种处世哲学。中庸的智慧，不仅有利于人际关系的建立与发展，在做人做事、为官经商上，也是一门实用的学问，可以让人受益终身，掌握恰到好处的为人方法及圆融和谐的处世智慧。中庸做人，可以包容豁达，自强不息；中庸处世，可以网络人脉，修身治家；中庸经商，可以通行四海，礼孚众望；中庸为官，可以刚柔并济，游刃有余。

理想化的中庸生活与我们今天所倡导的构建和谐社会的思想也是一脉相承的。只要真正地做到了中庸哲学所倡导的为人处世方略，我们所期待的那种花香四溢、笑盈八方的理想生活也就不远了。

目录
CONTENTS

第一篇

中庸大度处事以和

孟尝君大度容人

◎圣人无所不容，故大；圣人与物无较，故与
天地同体。——《王廷相集》

> 孟尝君（生卒年不详），妫姓，田氏，名文，中国战国四公子之
> 一，齐国宗室大臣，其父靖郭君田婴是齐威王小儿子，齐宣王的异
> 母弟弟，曾于齐威王时担任军队要职，于齐宣王时担任宰相，封于
> 薛（今山东滕州东南官桥张汪一带），权倾一时。孟尝君死后，葬于
> 薛国东北内隅，与其父的墓冢东西排列，为古薛"四门八堌堆"之
> 中两大堌堆。

战国时期，孟尝君曾担任齐国的宰相，他在各国都具有很高的
声望。

有段时间，孟尝君在薛邑招揽各诸侯国的宾客以及犯罪逃亡的
人，很多人都归附到孟尝君的门下。孟尝君宁肯舍弃自己的家业，
也要给这些宾客丰厚的待遇，因此，天下的贤士都对孟尝君倾心向
往。孟尝君的食客达到了几千人，待遇也不分贵贱，一律都与自己
相同。

有一次，一位食客与孟尝君的姜私通，有人把这个情况告诉了孟尝
君，说："身为人家的食客，暗中却和主人的姜私通，实在是太不应该

了，理当将他处死。"

孟尝君听后，淡淡地说："喜爱美女是人之常情，不必再提了。"

过了一年，孟尝君召来那位食客，对他说："你在我门下已经有一段时间了，到现在还没有适当的职位给你，心里很不安。现在，卫国的国君和我的私交很好，不如我就推荐你到卫国去做官吧。"

临行前，孟尝君还给这位食客准备了车马银两。这位食客来到卫国后，受到了卫王的赏识和重用。后来，齐国和卫国关系紧张，卫国国君想联合各国攻打齐国。

这时，这位食客就对卫王说："臣之所以能到卫国来，全依靠孟尝君不计臣的无能，将臣推荐给大王。臣听说齐、卫两国的先王曾经相互约定，将来子孙绝不彼此攻伐，而陛下您却想联合其他国家来攻打齐国，这不仅违背了先王的盟约，同时也有负孟尝君的情谊，请陛下取消攻打齐国的念头吧。不然，臣愿死在大王面前。"

卫君听后，很佩服他的仁义，于是打消了攻打齐国的念头。齐国人听说了这个事情后赞颂道："孟尝君可谓善为事矣，转祸为安。"

当然，这里忍的前提是要有开阔的胸襟，宽宏的度量，以此来为人处事，则必然"两和皆友"。

■ 故事感悟

孟尝君大度容人，在对待别人的错误上不仅没有加以责罚，反而赠金荐官。他这种中庸大度、处世以和的处世方式，最终也得到了回报。我们在生活中也应学习孟尝君这种精神，给别人留出一些余地，自己的路才会越走越宽。

战国四公子

战国末期，秦国的势力日益强大，其他各个诸侯国的贵族为了对付秦国的入侵，挽救本国的灭亡，都竭力地搜罗人才。他们礼贤下士，广招宾客，以扩大自己的势力，因此各国养"士"（包括学士、策士、方士或术士以及食客）之风盛行。

当时，以养"士"而著称的人物主要有魏国的信陵君、齐国的孟尝君、赵国的平原君和楚国的春申君。由于这四个人都是王公贵族，故而时人称他们四人为"战国四公子"。

孟尝君歌

（宋）司马光

君不见薛公正齐当路时，三千豪士相追随。
邑封万户无自入，椎牛酾酒不为赀。
门下纷纷如市人，鸡鸣狗盗亦同尘。
一朝失势宾客落，唯有冯驱西入秦。

直不疑不自明毁

◎清越而瑕不自掩，洁白而物莫能污。——刘禹锡

直不疑（生卒年不详），西汉南阳（今河南南阳）人，汉文帝时曾经担任郎官。七国之乱时，直不疑以二千石官员的身份带领军队参加了平叛战争。景帝后元元年，直不疑被任命为御史大夫。天子表彰平定七国之乱的有功人员，直不疑被封为塞侯。汉武帝建元元年，直不疑与丞相卫绾都因为过失而被免官。

直不疑，曾以"不好立名"著称于世。

汉初，统治阶级崇尚"清虚以自守，卑弱以自持"的黄老思想，"君臣俱欲无为"，"刑罚罕用，民务稼穑，衣食滋殖"，天下太平无事。生活在这个时代的直不疑，学习老子的言论，对于担任的官职，他全都遵循前任所为，不轻易变更，唯恐别人知道他在任上留下种种事迹。

直不疑初为郎官，后至太中大夫，深受文帝称赞。吴楚"七国之乱"爆发后，景帝派太尉周亚夫、大将军窦婴率兵进攻叛军，直不疑也

以二千石的官职率军讨伐。景帝后元年间（公元前144—前141年），他被任命为御史大夫，封为塞侯。

直不疑一生为官，恪守一个原则，就是老子提倡的"为无为，事无事"。为官时，直不疑对政策很少有大的变动，不好立名，在哪里都保持低调。但是，还是像老子说的那样"是以圣人终不为大，故能成其大"，因为政宽厚，所以人们都以"长者"称之。

直不疑对于别人的怀疑或诽谤从不申辩。他担任郎官时，室友有人告假还乡，误取了同室郎官的金子。不久，那个郎官发觉自己的金子丢失了，就胡乱猜测，认为是直不疑偷的。直不疑"谢有之，买金偿"。等到告假还乡的人回来主动归还了金子，那位郎官才知道错怪了直不疑，觉得非常惭愧，从此对直不疑礼敬有加。

■故事感悟

与世无争、自在随和不同于忍气吞声，后者乃因为自卑，而前者却因自信所以并不在意。直不疑怀着一颗虚怀若谷、质真若渝的心，不言不动，使谣言自破。这种处世方式展示了他充分的自信。

■史海撷英

黄老思想

"黄老思想"是我国古代战国时期的哲学、政治思想流派。由于该思想尊崇传说中的黄帝和老子为创始人，故而得名。

西汉时期，"黄老思想"开始盛行。倡导者假托黄帝和老子的思想，实则为道家和法家思想的结合，并兼采阴阳、儒、墨等诸家观点而成，代表人物有河上丈人、安期生等。

"黄老思想"继承改造了老子提倡的"道"的思想，认为"道"作为客观必然性，"虚同为一，恒一而止"，"人皆用之，莫见其形"。

公孙弘承认"使诈"

◎君子之守，修其身而天下平。——《孟子·尽心》下

公孙弘（公元前200—前121），字季，一字次卿，汉族，西汉菑川国（郡治在山东寿光南纪台乡）人。公孙弘起身于乡鄙之间，后居为相。他的"非学无以广才，非志无以成学"的精神，已成为历史长卷中最醒目的一章。公孙弘著有《公孙弘》十篇。

公孙弘年轻时家里很贫穷，后来贵为丞相，但生活依然十分俭朴，吃饭只有一个荤菜，睡觉只盖普通棉被。就因为这样，大臣汲黯曾向汉武帝参了一本，批评公孙弘位列三公，有相当可观的俸禄，却只盖普通的棉被，实质上是使诈以沽名钓誉，目的是为了骗取俭朴清廉的美名。

于是，在一次朝堂上，汉武帝问公孙弘："汲黯所说的都是事实吗？"

公孙弘回答道："汲黯说得一点没错。满朝大臣中，他与我交情最好，也最了解我。今天他当着众人的面指责我，正是切中了我的要害。我位列三公而只盖棉被，生活水准和普通百姓一样，确实是故意装得清廉以沽名钓誉。如果不是汲黯忠心耿耿，陛下怎么会听到对我的这种批

评呢？"

汉武帝听了公孙弘的这一番话，反倒觉得他为人谦让，更加尊重他了。

公孙弘面对汲黯的指责和汉武帝的询问，一句也不辩解，并全都承认，这是一种何等的智慧呀！汲黯指责他"使诈以沽名钓誉"，无论他如何辩解，旁观者都已先入为主地认为他也许在继续"使诈"。公孙弘深知这个指责的分量，因而采用了十分高明的一招，不作任何辩解，承认自己沽名钓誉，这其实表明自己至少"现在没有使诈"。由于"现在没有使诈"被指责者及旁观者都认可了，也就减轻了罪名的分量。

公孙弘的高明之处，还在于对指责自己的人大加赞扬，认为他是"忠心耿耿"。这样一来，便给皇帝及同僚们这样的印象：公孙弘确实是"宰相肚里能撑船"。既然众人有了这样的心态，那么公孙弘就用不着去辩解沽名钓誉了，因为这不是什么政治野心，对皇帝构不成威胁，对同僚构不成伤害，只是个人对清名的一种爱好，无伤大雅。

■故事感悟

对没有的事情不置可否，事情终会有水落石出的一天，到时候可以得到更多人的尊敬。有小错就承认了也没什么大不了的，别人反而会觉得你人格高尚，勇于承认错误更易得到大家的谅解，况且一个光明磊落的人又能错到哪里去呢？

■史海撷英

三 公

三公是我国古代朝廷中最尊显的三个官职的合称。三公在各个朝代有所不同。

周朝时期，立太师、太傅、太保为三公，其中，太师为三公之首。

秦朝时期，立丞相、太尉、御史大夫为三公。丞相是最高行政长官；太尉为最高的军政长官；御史大夫则执掌全臣的奏章，下达皇帝诏令，监察百官。

西汉末年至东汉初年，设大司马、大司徒、大司空为三公。

隋唐时期，置太尉、司徒、司空为三公。

北宋承袭唐朝的制度，以太师、太傅、太保为三公；太尉、司徒、司空为三公。宋徽宗时期，依照三代的旧制，改三公为太师、太傅和太保，罢司徒、司空、太尉。

宋后历代都以太师、太傅、太保为三公。明朝仁宗之后，三公皆为虚衔，为勋戚文武大臣加官、赠官。

■ 文苑拾萃

《春秋公羊传》

《春秋公羊传》也称《公羊传》《公羊春秋》等，是一部专门解释《春秋》的历史典籍，其起迄年代与《春秋》一致，即公元前722年至前481年。该典籍在解释《春秋》时十分简略，而着重阐释《春秋》所谓的"微言大义"，用问答的方式解经。

《春秋公羊传》是一部今文经学的重要经籍，历代今文经学家都经常用它作为议论政治的工具。同时，它还是研究秦汉时期儒家思想的重要资料。

牛弘治家有术

◎见素抱朴，少私寡欲。——《老子》

> 牛弘（545—610），隋朝大臣，本姓寮，字里仁，安定鹑觚（今甘肃省灵台县一带）人，袭封临泾公。牛弘少时好学，博览群书，又奉敕修撰《五礼》百卷，有文集传世。

隋朝时，牛弘得到皇帝的信任，荣耀于当时。隋炀帝很器重他，曾允许他与皇家人一同吃饭，这是很高的礼遇了。但是他的车子、服饰都很俭朴，对人宽厚谦让。他侍奉皇上极尽礼节，对待下属十分仁爱。他说话迟钝，但行动敏捷。

皇上曾经让他传达诏令，牛弘到了殿阶之下没说话，退回来谢罪道："我把诏令的词语忘了。"皇上说："传达诏令是小口才，本就不是重臣的任务。"因此更加称赞牛弘的正直。

牛弘性情宽厚，一直都努力学习。虽然政务繁杂，可他仍经常手不释卷。隋朝的众多老臣中始终得到皇上信任而没有过失的只有牛弘一人。

牛弘不但在官场上关系处理得很好，在家里也十分宽厚谦逊，因此家庭十分团结和睦。

牛弘有个小弟名叫牛弼，很喜欢喝酒，而且还经常酒醉逞凶。有一次，牛弼又喝多了酒，在耍酒疯时把哥哥驾车的牛射死了。

牛弘从外面回到家里，妻子迎上去对牛弘说："小叔今天喝醉把牛杀了，肉已经做熟了，大家吃了吧。"

牛弘没说什么，也没有任何惊怪和责问。

等到牛肉及汤都吃完以后，妻子又提杀牛之事，说："小叔子忽然射死牛，真是一件极大的怪事。"

这时牛弘才说："我已经知道了。"依然一点也没有生气的样子，脸色像平时一样温和，甚至连头也没抬，继续习字看书。

妻子见丈夫这样大度，感到很惭愧，从此以后，再也不提牛弼杀牛的事了。

因为牛弘的宽厚大度，牛家一片和气，听不到任何闲言碎语。弟弟也由于哥哥的教导而改正了自己的坏习气，一大族人被当地百姓尊崇和称赞。

牛弘在隋朝初任秘书监，官至吏部尚书。他好学博闻，宽厚秉直，颇受世人敬重。即使是当时傲慢自负、看不起同朝大臣的杨素，也只有见到牛弘才不敢放肆。杨素曾经拿他与宁武子相比，感叹说："牛弘，其智可及，其愚不可及也！"

■故事感悟

大智若愚不是刻意做作，而是一种真正超然忘我的至高境界。以牛弘的行事来说，他虽然荣宠当世，但车服卑俭。对其弟醉酒杀牛一事，以十分淡然的态度对之，最终换来了弟弟的改邪归正。古人赞赏的"大智若愚，大巧若拙，大辩若讷"，牛弘的行为，可以算是最形象的诠释了。

牛弘开的献书之路

北周时期，牛弘在朝廷专门掌管文书，修起居注。隋文帝即位后，授牛弘散骑常侍、秘书监。

鉴于前朝国事纷乱，南北分离，图籍大量流失，牛弘便上书隋文帝，建议搜访图籍，开献书之路。于是文帝下诏，凡献书一卷，奖缣一匹。不到两年，图书渐出。又设专人抄录副本，原本或归本人，或由国家珍藏。牛弘因此进爵为奇章郡公。

牛 弘

（宋）徐钧

射牛可怒理都然，三问何如一忍贤。

底事妇言坚不听，为忧伤我弟兄天。

唐代宗巧解打金枝

◎不痴不聋，不为家翁。——《资治通鉴》第224卷

> 　　唐代宗（726—779），名李豫，汉族，初名李俶。代宗是肃宗李亨的长子，于肃宗被李辅国惊死后继位。代宗在位18年（762—779年），病死，终年53岁，葬于元陵（今陕西省富平县西北30里的檀山）。

　　唐朝时期，郭子仪作为三朝元老，功高盖主，当然也就成了新君的心头隐忧。为了防范郭子仪，唐代宗仿效唐肃宗做法，解除郭子仪的兵权，调回长安闲置起来。可是不久吐蕃进犯，攻陷长安，唐代宗重新起用这位能征善战的老将。郭子仪以弱对强，用疑兵之计击退吐蕃，第二次收复长安。此后，唐将领仆固怀恩联结吐蕃、回纥进犯长安，又是郭子仪临危受命，凭借自己很高的威望，分化联军，直至粉碎联军，保卫了长安。

　　对唐代宗来说，如何对待这位"再造唐室"的功臣，成了一件棘手的事。尽管当时"安史之乱"已经平定，但唐朝的皇室仍然处于一种内忧外患之中。内忧主要是宦官专权，外患则是藩镇坐大，边疆吃紧。在内外交困之下，唐代宗要守住这副摊子，实在是太需要郭子仪的武功威

望了。但是，他又害怕郭子仪功高盖主，图谋生变，内心的焦虑矛盾可想而知。

郭子仪一生可谓战功赫赫，在平定"安史之乱"中起到了最为关键的作用，因此重得天下的李唐王朝将其封为国公，并让其任天下兵马副元帅。此后，朝政变迁，郭子仪也经历了三起三落，但总能逢凶化吉，最后晋封"汾阳王"，并获唐代宗颁发"铁券"，立誓无论如何，都不会再处分加罪于他。

为了表示朝廷的诚意，唐代宗便将自己的女儿升平公主嫁给了郭子仪的六儿子郭暧。郭暧也因此受封为侯爵，郭家的荣贵至此已算是一个高峰。

这时的郭暧与升平，都只有十三、四岁的年纪。

这个年纪的少男少女，正是反叛倔强的时候，而这对小夫妻都出身在顶极的富贵权势之中，各自的脾气就更是好不了。

在最初的新婚燕尔过去之后，两个人骄傲的个性便开始发生了冲突，其导火索就是郭暧要求升平公主向自己的爹妈行礼。

公主可是皇帝的女儿，在名分上，她是"君"，而驸马一家都是"臣"。由于驸马与她"夫妻一体"，所以驸马也沾光升级。即使在成亲的喜堂上，婚仪都要倒过来，由公婆向儿子媳妇跪拜叩头。

而现在，郭暧居然要升平公主向公婆行民间的儿媳礼仪，升平公主自然不能接受，因此经常与驸马争吵。

在一次家宴之后，回到房里的郭暧再次指责升平公主，怪她在家宴上没有履行儿媳的义务，居然高坐在公婆之上。升平公主对郭暧的愤怒嗤之以鼻，反唇相讥。

郭暧两三年来一直压着的怒气，这次终于借着酒劲爆发起来。他抬手就打了公主一个耳光，恨恨地说："你仗着你爹是皇帝，就耀武扬威吗？我告诉你，我爹他是根本不想干皇帝这个差事，否则的话，还轮得到你家？"

升平公主没想到郭暖居然敢动手打自己，更没想到驸马居然说出这样无法无天的话来，顿时气得脸色都变了，立即乘着公主的辇驾，直奔皇宫去向父皇哭诉告状去了。

幸好唐代宗还是位有些头脑的帝王，听了女儿的控诉后，他沉吟良久，将事情轻重反复掂量，然后对正在气头上的女儿说："郭暖说的可全是实话呀。假如当年你公爹有心要做皇帝的话，谁也挡不住他，这天下，早就不姓李而要姓郭了。"

当时，升平公主还不能真正理解父皇这番话，但见父皇没有为自己出气，她还是哭闹不休。于是，代宗便将升平公主的生母崔贵妃喊来，让她开导女儿。

皇宫里闹得不可开交，郭府则自公主冲府而出那一刻起，也已乱成了一团。

郭子仪追问儿子及侍婢之后，得知方才儿子与公主大打出手，而且还说了一句要命的大话，顿时吓得手脚发抖。这句话的后果可轻可重，皇帝完全可以借这句话的由头把郭家满门抄斩。

大惊失色之下，郭子仪便将儿子郭暖捆绑起来，直接送进宫中，向皇帝请罪。

代宗看见这个场面，不禁哈哈一笑，亲自起身，为女婿松绑，并向郭子仪说了一句至今令人感叹的话："不痴不聋，不做家翁。"

随后，代宗宽解郭子仪道："小儿女们在闺房中几句戏言气话，我们做长辈的何必当真？又何必去管这种夫妻闲事呢？"

皇帝亲家居然能这么轻易地放过自己，倒真是令郭子仪大松了一口气。但为了警戒年少无忌的儿子，回到家里，郭子仪还是拿出大棍，亲自动手，要将郭暧家法处置一番。

领军打仗的郭子仪力气可不小，何况这一顿棍子其实是打给皇帝看的，更是又狠又准，打得郭暧几乎昏了过去。

毕竟是自己的丈夫，郭暧自己硬着不求饶，一边的升平公主可心疼了，只好红着脸求公爹罢手。郭子仪当然顺杆而下，放下了手里的家伙。

代宗对这场夫妻吵闹如此了结、女儿最后能够体恤丈夫的表现还是很满意的，因此对升平公主和郭暧也更加宠爱，每有赏赐，总是远远超出其他的女儿女婿。

等到升平公主的哥哥德宗继位之后，他吸取了这场"打金枝"的教训，下令修改礼仪，公主还是应该向公婆行礼恭让。

■故事感悟

唐代宗在处理公主与驸马的矛盾上，选择了中庸之道，并未因郭暧的忤逆之言而惩罚郭家，而是说了句"不痴不聋，不做家翁"，既不损皇家的尊严，又避免了杀戮功臣。在复杂的问题面前，处理得简单一点，是最好的方法。

■史海撷英

唐代宗诛杀李辅国

唐朝安史之乱期间，李辅国曾劝说太子李亨继承帝位。李亨即位后，是为唐肃宗。而李辅国也被加封为元帅府行军司马，开始掌握兵权。

之后，李辅国又由于拥立唐代宗即位，被册封为司空兼中书令。大权在握后，李辅国便为所欲为起来，甚至对代宗说："陛下只须深居宫中，外面的政事有老奴来处理。"

代宗虽然心中不满，但慑于李辅国手握兵权，只好委曲求全，尊称他为尚父，事无大小，都要与他商量后才能决定。

不久，代宗乘李辅国不备，暗中派人扮做盗贼刺杀了李辅国，然后又假装下令追捕盗贼，并派宫中使者慰问其家属。就这样，代宗秘密而巧妙地除掉了李辅国。

■文苑拾萃

《打金枝》

《打金枝》是晋剧中著名的剧本。《打金枝》讲的是唐代宗将女儿升平公主许配汾阳王郭子仪的六儿子郭暧为妻。时值汾阳王郭子仪花甲寿辰，子、婿都纷纷前往拜寿，唯独升平公主不来，从而引发议论。郭暧很生气，回府怒打公主。公主便向父母哭诉，逼求唐皇治罪郭暧。同时，郭子仪也绑子上殿请罪。

然而，唐皇明事理、顾大局，不仅没有责怪郭子仪和郭暧，还额外加封郭暧。皇后也劝婿责女，让升平公主与郭暧夫妻俩消除前隙，最终和好如初。

王僧虔庸道保身

◎不处全，不处极，不处盈。全则必缺，极则必反，
盈则必亏。——《吕氏春秋·博志》

　　王僧虔（426—485），字简穆，祖籍琅玡临沂，南北朝时期人。在宋、齐两朝为官，官至尚书令。王僧虔是王导五世孙，王羲之四世族孙。其曾祖父王洽是东晋吴郡内史，善书；祖父王珣是东晋司徒，善书；父亲王昙首右光禄大夫。王僧虔是王僧绰之弟，喜文史，善音律，解星象，工真、行书，书承祖法，丰厚淳朴而有骨力，墨迹有《王琰帖》，著有《论书》《伎录》等。

　　王僧虔是南朝齐时的著名书法家，他不仅具有极高的才学，而且还非常幽默机智，很会以中庸之道处理与君王相伴时的关系。王僧虔先后侍奉过三位皇帝，都深受他们的赞赏。

　　有一次，王僧虔在白绢扇面上作书，宋文帝刘义隆看后非常高兴，赞叹说："你不仅书法直追王献之，就是才气和雅量也比王献之有过之而无不及呀！"

　　王僧虔听后，心中也很高兴。作为一个臣子，能得到皇上这样的赏识也算是莫大的荣耀了。可是，王僧虔却并未因此而飘飘然，因为他深知"伴君如伴虎"的道理，因此忙说："皇上圣明，大宋江山固若金汤

千秋万代，如果没有国泰民安的社会环境，臣纵然有些涂鸦的喜好，怕也是丧于沛乱了。"

一席话说得宋文帝心花怒放，命库吏重重地赏赐了王僧虔。

后来，孝武帝刘骏即位，王僧虔便一改前辙，很少显露自己的书法才能了。原来，孝武帝不仅在政治上专权，在书法上也想独占鳌头。他知道王僧虔的书法名气很大，就总想找茬灭一灭王僧虔的威风。而王僧虔也不想让孝武帝难堪。

有一次，孝武帝召集了一群儒生雅士，设案挥毫，王僧虔当然也在其中。但是，王僧虔故意露出败笔，从而使自己的书法看起来不够完美。到后来，他干脆就专门用坏笔写字了，结果这一时期他的字既无"二王"之风，又不合章法。这样一来，孝武帝的书法就真的比王僧虔胜上一筹了。孝武帝见王僧虔的书法也不过如此，便不再对王僧虔冷言冷语地旁敲侧击了。

到了齐高帝萧道成时期，王僧虔已是人书俱老，书法技艺也更加遒劲古朴。萧道成比孝武帝刘骏开明得多，而且自己也喜爱书法。他经常与王僧虔同案挥毫，一比高低。王僧虔见齐高帝萧道成是真诚地比试书法，并无他意，便也可以放开手脚了。

有一次，齐高帝萧道成与王僧虔比试书法，两人各书一幅之后，齐高帝问："你看咱俩的书法谁可以得第一名？"

王僧虔沉吟了一会儿，回答说："我的书法，在臣子当中要算是最好的；而陛下您的书法，在皇帝中是首屈一指的。"

齐高帝听后哈哈大笑，说："你这个王僧虔呀，真算得上既会奉承别人，又善于标榜自我了！"

就这样，王僧虔在险恶的政治环境中很好地保护了自己。

■故事感悟

王僧虔的智慧，在于他能在不同的环境下采取不同的处事方法，而中庸之道确实是深邃的处世之道。

■史海撷英

王僧虔诫子

王僧虔曾经告诫儿子说："官舍里也有年少就负有美好声誉，不到20岁就超越清贵官级的人。目前（我们）王家门中，优秀的弟子犹如龙凤，低劣的弟子犹如虎豹。（可是）失去祖先的荫庇之后，哪里（有）龙虎的称谓呢？何况我不能成为你的荫庇，正应该各人自己努力啊。"

■文苑拾萃

笔意赞

（南朝·齐）王僧虔

书之妙道，神采为上，形质次之，兼之者方可绍于古人。以斯言之，岂易多得？必使心忘于笔，手忘于书，心手达情，书不妄想，是谓求之不得，考之即彰。乃为《笔意赞》曰：

剡纸易墨，心圆管直。浆深色浓，万毫齐力。先临《告誓》，次写《黄庭》。骨丰肉润，人妙通灵。努如植槊，勒若横钉。开张凤翼，耸擢芝英。粗不为重，细不为轻。纤微向背，毫发死生。工之尽矣，可擅时名。

韩琦糊涂待人留余地

◎难得糊涂。——郑板桥

韩琦（1008—1075），字稚圭，自号赣叟，相州安阳（今属河南）人，北宋政治家、名将，历仕仁宗、英宗、神宗三朝。韩琦是仁宗时进士，任右司谏时，曾一次奏罢宰相、参政四人。韩琦曾出任陕西安抚使，与范仲淹共同防御西夏，时人称"韩范"。王安石变法，韩琦屡次上疏反对，与司马光等同为保守派首脑。韩琦的著作有《二府忠论》5卷、《谏垣存稿》3卷、《陕西奏议》50卷、《河北奏议》30卷、《杂奏议》30卷、《安阳集》50卷等。韩琦一生写了大量诗文，大多收入《安阳集》行世。

北宋时期，韩琦长期担任宰相，并曾同范仲淹一起推行新政。

韩琦在定武统帅部队时，经常夜间伏案办公。每次在办公时，韩琦的身边都会有一名侍卫拿着蜡烛为他照明。有一次，那个侍卫不小心一走神，手里拿着的蜡烛烧了韩琦鬓角的头发。韩琦并没有发怒，只是急忙用袖子蹭了蹭，又继续低头写字了。

过了一会儿，韩琦一回头，发现拿蜡烛的侍卫换人了。韩琦怕主管侍卫的长官鞭打那个侍卫，就赶快把他们召来，当着他们的面说："不要替换他了，因为他已经懂得该怎样拿蜡烛了。"

军中的将士们知道此事后，都对韩琦十分感动和佩服。

韩琦在镇守大名府时，有一次，有个人献给他两只出土的玉杯。这两只玉杯表里毫无瑕疵，是稀世的珍宝，韩琦非常珍爱，送给献宝人许多银子。

在每次大宴宾客时，韩琦总要专设一桌，然后铺上锦缎，将那两只玉杯放在上面使用。有一次在劝酒时，一位官吏不小心将玉杯碰到地上摔个粉碎。在座的官员见状都惊呆了，碰坏玉杯的官吏吓得赶紧趴在地上请求治罪。可是韩琦却毫不动容，依然笑着对宾客说："大凡宝物，是成是毁，都有一定的时数，该有时它献出来了，该坏时谁也保不住。"

说完，韩琦又转过脸对趴在地上的官吏说："你偶然失手并非故意的，有什么罪呢？快起来吧。"

这番话说得十分精彩！玉杯已经打碎，无论怎样也不能复原，责骂、痛打一顿肇事者，徒然多了一个仇人，众位宾客也会十分尴尬，好端端的一场聚会便不欢而散，也会大大有损自己的形象。而韩琦此言一出，立刻博得了众人的赞叹，肇事者对他更是感激涕零，恐怕日后给他做牛做马也心甘情愿了。

韩琦器量过人，生性淳朴厚道，不计较小事，功劳也是天下无人能比。官位升到臣子的顶端时也不沾沾自喜，经常在官场的不测风云之中周旋，也不忧心忡忡。不管什么情况下，他都能做到泰然处之，不被其他的事物所左右。他一生不弄虚作假。在处世上，被重用就立于朝廷与士大夫们公平议事，不被重用就回家享受天伦之乐，一切出于自然。

韩琦一生处于危险之地，而又一直立于不败之地。

正如韩琦自己所说："天下之事，没有完全尽如人意的，一定要用平和的心态去对待。不这样，连一天也过不下去。即使是和小人在一起时，也要以诚相待，只不过知道他是小人就同他少来往罢了。"这就是韩琦为人处世高人一筹的秘密。

■故事感悟

韩琦"糊涂"待人，头发烧了，玉杯碎了，他都没有因之而发脾气，反而替他人着想。在仕途之中他泰然处之，和而不流。平和是一种心态，是一种美德。秉持平和的心态做人，自然能妥善地对待世间的人和事，既尊重自己，又能赢得别人的尊敬，这也是平和做人的要义。

■史海撷英

奏罢四人

宋宝元元年（1038年），灾异事件频繁发生，流民大批出现，而当朝宰相王随、陈尧佐，参知政事韩亿、石中立等人都束手无策。"罕所建明"时，韩琦呈上《丞弼之任未得其人奏》，连疏四人庸碌无能，痛陈宋朝八十年太平基业，绝不能"坐付庸臣恣其毁坏"，结果四人于同日被罢职，名闻京华。

■文苑拾萃

迎 春

（宋）韩琦

覆阑纤弱绿条长，带雪冲寒折嫩黄。
迎得春来非自足，百花千卉共芬芳。

第二篇
外圆内方不易为庸

楚庄王一鸣惊人

◎人定胜天，志一动气，君子亦不受造
化之陶铸。——《菜根谭》

楚庄王（？—前591），又称荆庄王，出土的战国楚简文写为臧王，芈姓，熊氏，名旅（一作吕、侣。先秦时期男子称氏不称姓，所以应该称为熊旅而不是芈旅），谥号庄。楚庄王是楚穆王之子，春秋时期楚国最有成就的君主，春秋五霸之一。庄王之前，楚国一直被排除在中原文化之外，庄王自称霸中原，不仅使楚国强大，威名远扬，也为华夏的统一和民族精神的形成发挥了一定的作用。楚庄王自公元前613年至公元前591年，共在位23年，后世对其多给予较高评价，"一鸣惊人""楚王问鼎"等也成为固定的成语，对后世有深远的影响。

楚国在城濮被晋国战败后不久，楚成王就被自己的儿子商臣害死。随后，商臣做了国君，是为楚穆王。

楚穆王对楚国被打败的事很不甘心，就抓紧操练兵马，发誓要与晋国决一雌雄。他首先将附近的几个小国兼并，然后又将中原的陈、郑等国拉拢过去。

周顷王六年（公元前613年），当楚穆王正准备发奋图强时，突然暴病而死。他的儿子熊旅即位，就是历史上赫赫有名的楚庄王。

晋国见楚国忙于办丧事，便又重新会盟诸侯，订立盟约，随即将楚国拉过去的陈、郑等诸侯国又收回到自己的势力范围之内。这下楚国的大臣们急了，要与晋国决战，但是，楚庄王却无动于衷。在即位近三年以来，庄公每天只是打猎、喝酒，根本不理政事，还在宫门口挂起一块大牌子，上面写着："进谏者，杀毋赦！"

这一天，大夫伍举进见楚庄王。庄王手中端着酒杯，口中嚼着鹿肉，正醉醺醺地在欣赏歌舞。见到伍举，庄王眯着眼睛问道："大夫来此，是想喝酒呢，还是要看歌舞？"

伍举话中有话地说："有人让我猜一个谜语，我怎么也猜不出，特此来向您请教。"

楚庄王一边喝酒，一边问："什么谜语这么难猜？你说说。"

伍举说："谜语是'楚京有大鸟，栖上在朝堂，历时三年整，不鸣亦不翔。令人好难解，到底为哪桩？'您请猜猜，不鸣也不翔。这究竟是只什么鸟？"

楚庄王听了，心中明白伍举的意思，就笑着说："我猜着了，它可不是只普通的鸟。这只鸟啊，三年不飞，一飞冲天；三年不鸣，一鸣惊人。你等着瞧吧。"

伍举明白了楚庄王的意思，便高兴地退了出来。

过了几个月后，楚庄王这只大鸟依然故我，既不"鸣"，也不"飞"，照旧打猎、喝酒、欣赏歌舞。大夫苏从忍受不住了，便来见庄王。

苏从一进宫门，就大哭起来。楚庄王问："先生，为什么事这么伤心啊？"

苏从回答说："我为自己就要死了伤心，还为楚国即将灭亡伤心。"

楚庄王很吃惊便问："你怎么能死呢？楚国又怎么能灭亡呢？"

苏从说："我想劝告您，您听不进去，肯定要杀死我。您整天观赏歌舞，游玩打猎，不管朝政，楚国的灭亡不是在眼前了吗？"

楚庄王听完大怒，斥责苏从："你是想死吗？我早已说过，谁来劝谏，我便杀死谁。如今你明知故犯，真是傻极了！"

苏从十分痛切地说："我是傻，可您比我还傻。倘若您将我杀了，我死后将得到忠臣的美名；您若是再这样下去，楚国早晚是要灭亡的，您就当了亡国之君。您不是比我还傻吗？我的话说完了，您要杀便杀吧。"

楚庄王忽然站起来，动情地说："大夫的话都是忠言，我必定照你说的办。"

随即，庄王便传令解散了乐队，打发了舞女，决心要大干一番事业。

从此，庄王停止了奢侈淫逸、醉生梦死的生活，开始亲自治理国政，起用有才能的人，将伍举、苏从提拔到关键的职位上去。杀了数百名过去的官员，提拔了数百名新的官员。庄王从用人到各项制度实行全面改革，励精图治，上下精神振奋，老百姓衷心拥护。当时，楚庄王发现令尹和斗越椒野心勃勃地想要篡位，楚庄王便任命了三个大臣去分担令尹的工作，削弱了他的权力，防止了斗越椒作乱。

楚庄王一边改革政治，一边扩充军队，加强训练军士，准备与晋国决战，以雪城濮一战之恨。他在即位的第三年，便率兵灭了庸国（今湖北竹山县一带）；第六年，庄王打败了宋国；第八年，庄王又打败了陆浑（今河南嵩县北部）的戎族。

周定王二年（公元前605年），楚庄王讨伐完陆浑的戎族，在回国的路上，突然发现一队人马挡住了去路。原来趁楚庄王不在，斗越椒造反了。他占据了郢都，又发兵拦阻楚庄王，想将楚庄王消灭在郢城之外。

楚庄王见斗越椒以逸待劳，自己带的兵又刚刚打完仗回国，非常疲惫，知道硬拼十分不利，便说："斗氏一家于楚国有大功，宁肯使越椒负我，我不负越椒。"于是派苏从去讲和。

斗越椒以为楚庄王已是囊中之物，只等伸手擒拿了，哪里还肯罢手？就对苏从说："回去告知熊旅（楚庄王的名字），有胆量来决一死战，不然便赶快投降！"

楚庄王假作退兵，晚间却把军队埋伏于漳水东岸，又派一队士兵在河岸活动，引诱斗越椒渡河，自己则率领少数士兵躲在桥下面。

第二天一早，斗越椒见河对岸有楚兵，果然追过河来，等斗越椒发现中了计想回撤退时，桥已被拆毁。斗越椒惊惶失措，急忙命令士兵涉水过河。

士兵们正待下水，只见对岸一员楚将大声喊："大将乐伯于此，斗越椒赶快投降！"说罢，便令士兵奋力射箭，斗越椒也急令士兵往对岸射箭。

在双方对峙之中，乐伯手下的神箭手养由基用箭射死了斗越椒。斗家兵马见主将身亡，都纷纷四处逃散。楚军分兵追剿，取得大胜。

楚庄王平定了这场内乱后，又经过多年精心的准备，决定挥军北上，开始与晋国争霸。

周定王九年（公元前598年），楚庄王趁陈国内乱时机，发兵降服了陈国。次年，楚庄王亲自率领大军进攻郑国。当时，陈国、郑国都是晋国的被保护国，楚国发兵陈国、郑国，就是向晋国挑战，对晋国的霸主地位不认可。

晋国自然不甘示弱。这年夏天，晋景公命荀林父为大将，命先轸的孙子先毅任副将，统领600辆兵车前去援救郑国。

当大队人马来到了黄河边上时，探子来报告说郑国已经投降，楚国正在撤兵。荀林父本来就不愿意打仗，听了这个消息后，立刻决定撤兵。但先毅坚决不愿意，大叫道："临敌退兵，可耻之极！你们若是怕楚军，我一人前去！"

先毅仗着先人建有大功，自己又是将门之子，根本不将荀林父放在眼里，说完便领着自己的一队兵车渡过黄河追赶楚军。赵同、赵括也觉得自己父兄劳苦功高，便不听荀林父的将令，带上队伍随着先毅过河去了。荀林父没办法，只得下令全军过河。

楚庄王听说晋兵已经渡过黄河了，便马上召集将领们商量对策，令尹孙叔敖主张与晋军讲和，然后收兵；而一批年轻的将士都主张迎战，楚庄王一时拿不定主意。

这时，一位名叫伍参的小臣说："晋军主将荀林父刚掌兵权，还没威信，副将先毅倚仗父辈的功劳，看不起荀林父。三军的将领虽然想主动出击，又没有权力做主，士兵们不知道听谁的号令，晋军上下不齐心没什么战斗力。面对这样的敌人却不去攻打它，恐怕有损我们楚国的尊严吧？"

楚庄王听伍参分析得合情合理，便命令楚军摆开阵势，把战车一律朝向北方，准备出战迎敌。

晋将赵荫乘着夜色带领部下去偷袭楚营，被楚兵发觉。楚庄王弄明情况之后，便亲自驾车前去追赶。楚军将领见庄王亲自出马纷纷跟了上来，楚军将士向晋国军营冲去。晋军将士睡得正香，丝毫无准备，而楚军斗志正高，往来冲杀如入无人之境，把晋军打得溃不成军。荀林父也领着残兵败将仓惶逃跑了。

楚庄王率领楚兵开进邯城，有人劝他乘胜追击，楚庄王说："楚国自从城濮之战输给晋军，就不敢与晋国争锋。这次胜利足以洗耻。晋国、楚国都是大国，早晚总得议和，何苦多杀人呢？"因此，下令楚军当即收兵不再追赶，放晋国官兵渡河回国。

邱城大战，拥有600辆兵车的晋国人马一战之间几乎全军覆灭，而三年未鸣的楚庄王终于一鸣惊人。以后，楚庄王又陆续使鲁、宋、郑、陈等国归顺，他继齐桓公、晋文公、秦穆公之后也当上霸主。他前后统治楚国23年，使楚国强盛一时。

■故事感悟

楚庄王之所以三年不飞、三年不鸣，当然不是不知道飞、不愿意鸣，而是基于自己立身为国君时内忧外患的现状。等到分清国内的忠奸邪正后，才积极施行"大手术"，对国家全面整顿、全面改革，经大乱而达到大治。这就是三年不飞、三年不鸣的个中秘密：不飞是为了一飞冲天，不鸣是为了一鸣惊人。

■史海撷英

楚王问鼎

鼎在古代是权利的象征，因此，在古代鼎在哪个国家，就表示权力范围在哪里。

公元前613年，楚庄王即位后，楚国再次强盛起来。公元前606年，楚庄王讨伐陆浑(今河南嵩县北)之戎，一直打到洛水边，"观兵于周疆"，在周都的洛阳陈兵示威。周王派王孙满去慰劳楚军，庄王竟问"鼎之大小轻重"，意欲移鼎于楚。

王孙满便回答楚庄王说："统治天下重在德，而不在鼎。"

楚庄王傲然地对王孙满说："你不要阻止铸鼎之事，我们楚国只要把折断的钩（一种铜兵器）尖收集起来，就足够铸造九鼎了。"

楚庄王大有取周而代之的气势，但周王使者王孙满态度强硬，楚庄王只好退出周疆。但是，楚国北上争霸的行为却并没有因此而中止。

■文苑拾萃

题楚庄王庙

（明）孔克学

寝殿萧条枕路岐，丹青剥落野风吹。
夜来庭树鸣高鸟，犹忆当年下令时。

勾践守庸成霸业

◎有善莫名，有恶莫辞，忍辱含垢，常苦畏惧，是谓
卑弱下人也。——《女诫·卑弱》

勾践（？—前464），春秋末越国国君，公元前496年至公元前464年在位。勾践姓姒，大禹的后代，名勾践，又名菼执。勾践曾败于吴，屈服求和，后卧薪尝胆，发愤图强，终成强国。公元前473年勾践灭吴，成为春秋末期最后一位霸主。

公元前494年，吴王夫差为了报越国的杀父之仇兴兵伐越，眉山一战，吴军大获全胜，越国几乎全军覆没。面临着国破家亡的绝境，越王勾践与大夫文种、范蠡经过一番策划之后，准备亲自携妻子到吴国做人质，臣事夫差。

越王先派文种到吴国去求和。文种到了吴国后，对吴王说："我们越国派不出有本领的人，就派了我这样无能的臣子，我不敢直接对您大王说，我私自同您手下的臣子说：我们越王的军队，不值得屈辱大王再来讨伐了，越王愿意把金玉及子女奉献给大王，以酬谢大王，并请允许把越王的女儿做大王的婢妾，大夫的女儿做吴国大夫的婢妾，士的女儿做吴国士的婢妾。越国的珍宝也全部带来。越王将率领全国的人编入大王的军队，一切听从大王的指挥。"

吴王夫差不顾大臣的反对，接受了勾践的请求，就在死于越国之手的先父阖闾墓旁建了一所简陋的石头房子，将勾践夫妇贬居其中，并命他们去掉衣冠蓬头垢面，穿着奴隶的服装替他养马。每当夫差出游之时，勾践还得执着马鞭步行在一旁等待，吴国百姓对他指指点点地议论道："这个人便是原来的越国之君啊。"勾践听后，只是忍辱含垢，低首无言。平时，勾践还要砍柴汲水，夫人则做饭洗衣，这一对国君夫妇俨然像奴隶一般。

为了不致引起夫差的猜忌以招来不测之祸，勾践还得想方设法奴颜媚态地去巴结夫差。有一次，吴王夫差生病了，勾践便请求进宫问疾探病。当时，夫差正要腹泻，便令勾践暂避一下。勾践说道："贱臣过去曾从师学医，能观人粪便，便知病情的轻重。"

待夫差泻毕，侍从将便桶抬至室外，勾践跟了出来，揭开桶盖，伸手抠了一块大便，跪下来放在口中细细品尝，在场的人无不掩鼻皱眉。勾践品尝之后却面有喜色，入室向夫差祝贺道："贱臣拜贺大王，大王的病不日将可痊愈了！"

夫差问："你是怎么知道的？"

勾践回答说："贱臣曾听医师说，粪者，谷味也，体健其味重，体病其味轻。贱臣尝大王之粪，其味既酸且苦，因此知之。"

夫差听后大为感动，叹道："我的大臣、我的太子都不能这样做，勾践才是真正爱我的呀！"于是，他决定释放勾践夫妇回国。

勾践回国以后，发奋图强，经过十年的努力，终于使越国国力大振。

公元前475年，勾践倾全国之力进攻吴国。夫差大败，便请求勾践饶自己一命，愿意世世代代为越国附庸，勾践不允，迫使夫差自杀。

■ 故事感悟

越王勾践在被吴国打败之后，为了保存国家而被迫臣事夫差。勾践表面上对夫差忠心耿耿，成功地麻痹了夫差，但是内心牢牢记着亡国的耻辱，回国之后，发奋图强，"三千越甲"终"吞吴"。忍辱含垢是一种计谋，也是一种勇气。

□史海撷英

春秋五霸

从公元前770年到前476年，历史上称为春秋时代。在这290多年间，社会风雷激荡，烽烟四起，战火连天。司马迁说：春秋之中，"弑君三十六，亡国五十二，诸侯奔走不得保其社稷者，不可胜数"。相传，春秋初期诸侯列国共有140多个。经过连年的战争和兼并，到后来只剩下较大的几个。而这些大国之间也依然互相攻伐，争夺霸权。

春秋时期，周天子失去了往日的权威，天子反而依附于强大的诸侯。一些强大的诸侯国为了争夺霸权，互相征战，争做霸主，先后称霸的五个诸侯在历史上被称为"春秋五霸"，他们分别为齐桓公、宋襄公、晋文公、秦穆公和楚庄王（另一种说法是齐桓公、晋文公、楚庄王、吴王阖闾、越王勾践）。

□文苑拾萃

自勉联

（清）蒲松龄

有志者，事竟成；破釜沉舟，百二秦关终属楚。

苦心人，天不负；卧薪尝胆，三千越甲可吞吴。

孔子和而不流

◎君子和而不流，强哉矫！中立而不倚，强哉矫！国有道，不变塞焉，强哉矫！国无道，至死不变，强哉矫！——《论语》

孔丘（公元前551—前479），子姓，孔氏，名丘，字仲尼，汉族，春秋时期鲁国人。孔子是我国古代伟大的思想家和教育家，儒家学派创始人，世界著名的文化名人之一。他编撰了我国第一部编年体史书《春秋》，修订"五经"，创办私学，打破贵族教育。孔子的言行思想主要载于语录体散文集《论语》及先秦和秦汉保存下的《史记·孔子世家》。后世尊称他为"至圣""万世师表"。

春秋时期，季氏家族的当权派阳货一直想要与孔子套近乎，让孔子"助己为乱"。但是，孔子并不欣赏阳货，所以总找借口躲避阳货。

有一天，阳货想到孔子家里去，孔子提前得知了消息便躲开了。但阳货给孔子家送了一只猪，孔子为了不失礼需要回访。孔子虽然得罪不起阳货，但也不想与他有什么往来，背上和乱臣贼子交往的罪名。

孔子用了一个两全其美的办法，他趁阳货不在家的时候回访，既不见不失"义"，又回访了不失"礼"。但巧的是，两人在路上遇见了。

阳货盛气凌人惯了，想请人家帮忙，却十分不礼貌，他对孔子说：

"过来！我和你说话。"接着又问孔子："有一身本领却让国家处于迷茫之中，能叫仁吗？"

孔子回答说："不能。"

阳货又问："想做事又屡次放过机会，能叫聪明吗？"

孔子敷衍道："不能。"

阳货步步紧逼道："日子一天天过去，年岁不饶人啊。"

不知孔子这时候是什么心情，反正是顺着阳货说："对，我就要出来做官了。"

虽然孔子口头上说要去做官，但在阳货当权时期，孔子一直是独善其身并不去做官。

孔子虽然对阳货深恶痛绝，可是他没有力量去遏制，所以尽量避免与之发生直接的冲突，维持表面上的正常关系。

孔子是一位具有远大抱负的人，所以周游列国，游说自己的政治主张。可是，没有一个国家愿意接受孔子的思想，因此，失望的孔子不再指望做官了。孔子认为，如果政治清明就做官拿薪水，如果政治不清明做官拿薪水就是可耻。在政治清明之际，言与行都可以直来直去。可是，政治不清明的时候，行为可以正直，但说话要注意，小心谨慎为妙。

■故事感悟

孔子认为，在矛盾冲突不尖锐的情况下，没有必要人为地激化矛盾，造成不可收拾的局面。和而不流不仅是自我保护之道，也是强者之道。在逆境中保持基本的和谐，避免受到伤害。在处事中趋炎附势和愤世嫉俗都是没有必要的，和而不流才是中庸之道。

隳三都

鲁定公十二年，孔子为削弱三桓，采取了隳三都的措施（即拆毁三桓所建城堡）。后来，隳三都的行动半途而废，孔子与三桓的矛盾也随之暴露出来。

鲁定公十三年，齐国送了80名美女到鲁国，季孙氏接受了。此后，君臣都开始迷恋歌舞，多日不理朝政，这让孔子感到非常失望。

不久，鲁国举行郊祭。祭祀后，按照惯例要送祭肉给大夫们，可是却没有送给孔子，这表明季氏不想再任用他了。在不得已的情况下，孔子离开鲁国，开始了周游列国的旅程。这一年，孔子56岁。

孔子

（宋）王安石

圣人道大能亦博，学者所得皆秋毫。

虽传古未有孔子，蟪蛄何足知天高。

桓魋武叔不量力，欲挠一草摇蟠桃。

颜回已自不可测，至死钻仰忘身劳。

陈平大直若屈

◎大直若屈，大巧若拙，大辩若讷。——《道德经》

陈平（？—前179），阳武（今河南原阳东南）人，谋略家，西汉王朝的开国功臣。陈平初随项羽入关破秦，刘邦还未定三秦时，降汉。他先后参加过楚汉战争和平定异姓王侯叛乱等战役，成为汉高祖刘邦的重要谋士。

周勃（？—前169年），沛（今江苏沛县）人，秦末汉初的军事家和政治家，汉高祖封为绛侯。

汉高祖刘邦曾命樊哙带兵平定反叛的燕王卢绾。在发兵之后，有人揭发樊哙与吕后勾结。刘邦听后很生气，一面命令周勃取代樊哙，一面命令陈平说："马上到军中杀掉樊哙！"

陈平在赴命途中对周勃说："樊哙是皇帝的故人，很有功劳，而且又是吕后的妹妹吕嬃的丈夫，有亲且贵。皇帝现在生气要杀他，恐怕以后会后悔。现在我们先囚禁他，让皇帝自己亲自杀他吧。"

在陈平用囚车押着樊哙回长安的路上，刘邦病死了，同时也接到了让陈平和灌婴屯守荥阳的命令。陈平害怕吕太后及吕嬃迁怒于自己，又做出了一个举动：一面让囚车照常行进，同时自己连夜赶回长安，在刘邦的灵前"哭甚哀"。吕后一感陈平没斩樊哙的头，二看陈平顾念旧情哭得悲伤，三听陈平口口声声表忠心，不仅怒气全消，还让陈平当了汉惠帝刘盈的老师。

汉高祖刘邦死后，惠帝即位。惠帝性格懦弱，因而朝廷实则为吕后专权。

吕后为了巩固自己的统治地位，便想封吕氏子侄为王，于是召集大臣商议。她先问右丞相王陵可否，王陵答道："高帝曾召众臣，宰杀白马，歃血为盟，说：'非刘氏而王，天下共击之。'如今要封吕氏为王，违背了原来的盟约。"

吕后听后不悦，再问左丞相陈平和太尉周勃，两人答道："高帝平定天下，曾封子弟为王。而今太后称制，分封吕氏子弟，有何不可呢？"

吕后听了，转嗔为喜，眉开眼笑。

罢朝之后，王陵便质问陈平与周勃说："从前高帝歃血为盟，你们二位不在场吗？如今高帝驾崩，太后做了女主，欲封诸吕为王，你们阿谀奉迎，违背盟约，将来在九泉之下有何面目见高帝呢？"

陈平、周勃齐道："现在在朝廷上当面力争，我们不如你有胆量；但将来安社稷、定汉裔，也许你也不如我们明智。"

不久，吕后便罢王陵相，将其黜为太傅。后来王陵病死。

这时陈平虽然担任丞相，但内心对吕后肆意专权的行为十分不满。他知道吕后忌恨有才能的大臣，而自己的文武才能远在其他大臣之上，应该躲避吕后的锋芒，保住丞相的地位，等待时机削弱吕氏的权力。

因此，陈平假装放浪形骸，整天沉溺在美酒女人之中。到上朝的时候，他也是唯唯诺诺，从不明确发表意见，表现出一副痴愚的样子，以免引起吕后讨厌，虽然位高权重，却百事不管。有人暗向吕后告陈平的状，吕后听罢大喜说："我正好要用这样的人当丞相。"

吕后专权后，更是加紧迫害刘氏子弟，令满朝文武惶恐不安。

然而吕后一死，陈平便马上与周勃共同策划，铲除吕氏势力，诛杀吕产、吕禄等人，平定了诸吕叛乱。不久，陈平和周勃又拥立汉文帝刘恒为帝，恢复了刘氏天下，陈、周二人任丞相。

■故事感悟

陈平在西汉中央政权内部权力争夺激烈的情况下，"智释樊哙"，可见他善于审时度势，强敌当前，"小不忍则乱大谋"。与敌明斗、硬打、死拼，往往"出师未捷身先死"。连自己都保不住，遑论其他！倒不如先逆来顺受，委曲求全，以退为进，以屈求伸，待时机成熟后，便突施奇招，制敌于死地，从而取得胜利。

王陵棱角分明，直来直去，连自己的位置都未能坐稳，根本谈不上去维护刘氏江山。而陈平、周勃巧施"大直若屈"之计，既保护了自己，又铲除奸党，稳定了刘氏政权，可谓一举两得。

■史海撷英

公平分肉与治天下

陈平少年时期，家中十分贫困，可是他又偏偏喜欢读书，尤其喜欢黄老之说。他的哥哥见他喜欢交游，就承担了家中的全部劳动，从而让陈平有时间能够出外游学。

有一年，正逢社祭，人们便推举陈平为社庙里的社宰，主持祭社神，为大家分肉。陈平把肉一块块分得十分均匀，为此，地方上的父老乡亲们都纷纷赞扬他说："陈平这孩子分祭肉分得真好，太称职了！"

陈平听罢，感慨地说："假使我陈平能有机会治理天下，也能像分肉一样恰当、称职就好了。"

■文苑拾萃

杂咏一百首·陈平

（宋）刘克庄

巧言愚冒顿，厚赂饵阏氏。

秘计言之丑，刚云世莫知。

装傻皇帝唐宣宗

◎宁伪作不知不为，不伪作假知妄为。静不露机，
云雷屯也。——《三十六策·假痴不颠》

唐宣宗李忱（810—859），唐朝第十八位皇帝（846—859年在位，未算武周政权）。宣宗初名李怡，初封光王，武宗死后，以皇太叔之名为宦官马元贽等所立，在位13年。综观宣宗50年的人生，他曾经为祖宗基业做过不懈的努力，延缓了唐帝国走向衰败的大势，但是他又无法彻底扭转这一趋势。宣宗明察沉断，用法无私，从谏如流，重惜官赏，恭谨节俭，惠爱民物，谓之小太宗。

唐宣宗在位时，使十分腐败的唐朝呈现出"中兴"的小康局面，史称"大中之治"，故有"小太宗""小贞观"之称。

在唐朝的22个皇帝中，唐宣宗李忱无疑是最富有传奇色彩的一个。从众人眼中的傻子到流亡者，最后又君临天下，成为一代强势帝王……唐宣宗李忱的一生可谓跌宕起伏、波澜壮阔。

李忱是唐宪宗李纯的十三子，唐穆宗李恒的弟弟，也是敬宗、文宗、武宗三朝天子的皇叔。如此尊贵的一个宗室亲王，怎么会在整个前半生都被当成傻子呢？

李忱原名李怡，他虽然是宪宗的亲生儿子，后也被封为光王，但

却是庶出。母亲郑氏是一名身份卑微的宫女。由于母亲地位卑微，光王李怡出生后自然享受不到其他亲王那样的荣宠，只能在一个无人注目的角落里孤独成长。所以他从小就显得落落寡欢、呆滞木讷，往往与其他亲王群居终日而不发一言。长大成人以后，这种情况不但没有好转，反而愈发严重。无论大小场合，光王成了被人取笑和捉弄的对象。

有一次，文宗皇帝在十六宅宴请诸王，席间众人欢声笑语，唯独光王闷声不响，文宗就拿他开玩笑，说："谁能让光叔开口说话，朕重重有赏！"诸王一哄而上，对他百般戏谑。可这个光叔始终都像一根木头，无论大伙如何戏弄他，他甚至连嘴角都不动一下。看着他那逆来顺受的模样，众人越发开心，文宗在一旁笑得前仰后合，众人也不断哄堂大笑。

可是，有一个年轻的亲王却忽然止住了笑容。这个亲王就是后来的武宗李炎。他忽然在想：一个人居然能在任何时间、任何场合都不为一切外物所动，他如果不是愚不可及，那就是深不可测！李炎忽然有点儿不寒而栗，他下意识地觉得，光王很可能属于后者。

李炎登基之后，他越来越觉得，光王内心深处隐藏着一些不为人知的东西。倘若真的如此，那他这个天子就不能对此无动于衷了。

于是，后来种种"意外事故"频频降临到光王身上。要么是和皇帝一起玩马球时突然从马上坠落，要么就是在宫中走着走着，忽然被什么东西绊倒，一骨碌从台阶上滚了下去……总之没有一次不是摔得鼻青脸肿、满身伤痕。

最后，武宗李炎终于横下一条心。他不想再煞费苦心地制造什么"意外"了，他决定一劳永逸地剪除这个潜在的祸患。

一天，光王突然被四名内侍宦官绑架，不由分说地关进了永巷，几天后又被捆住扔进了宫厕。内侍宦官仇公武对武宗说，他没那么容易死，干脆给他一刀，一了百了。武宗点头同意。仇公武随后赶到宫厕，趁人不注意，偷偷把奄奄一息的光王捞了出来，随即用粪土覆盖在他身上，神不知鬼不觉地把他运出了宫。经历了九死一生的光王，从此离开长安，流落民间……

会昌六年春天，唐武宗李炎病危，他的几个儿子都还年幼，帝国没有储君，朝野上下人心惶惶。

这时，早已被世人遗忘的光王，忽然在宦官仇公武、马元贽等人的簇拥下，出人意料地回到了长安。这一年暮春，光王李怡成了"皇太叔"，而且改名李忱。所有人都知道，在"皇叔"的称谓中多了一个"太"字，就是储君的象征。当年的傻子，居然马上就要成为金銮殿上的真龙天子，几乎所有人都觉得难以置信和不可思议。

可是他们很快就回过神来，因为光王是宦官仇公武等人带回来的。而宦官们需要的就是一个傀儡，一个可以任由他们摆布的窝囊废和应声虫！既然如此，光王当然就是不二人选。在李唐宗室的诸多亲王中，还有谁比光王更适合充当这个傀儡呢？

在皇太叔李忱接见文武百官的仪式上，宦官仇公武非常得意。几年前他就知道，自己从臭气熏天的宫厕中捞出的不是一个无足轻重的傻子，而是一块举足轻重的政治筹码！他知道，自己有朝一日一定能够把他拱上帝座，然后顺理成章地掌控朝政！

然而，接下来的日子，当李忱开始着手处理政务时，仇公武就笑不出来了。因为眼前的李忱忽然变得无比陌生。他神色威严，目光从容，言谈举止沉着有力，决断政务有条不紊，看上去和从前判若两人！

仇公武既震惊又困惑。直到此时，仇公武才恍然大悟，原来武宗当年之所以要一而再、再而三地把这个"傻子光叔"置于死地，是因为在他那愚痴木讷的外表之下，隐藏着常人莫及的才干和韬略。可现在明白已经太晚了，因为生米已经做成了熟饭，仇公武悲哀而无奈地意识到，自己处心积虑所做的这一切，到头来只是替李忱做了一回嫁衣裳！

宣宗李忱刚一即位就施展了一系列的雷霆手段，隐忍了大半生的他，迫不及待地要将武宗李炎所建立的一切不合理推翻，首当其冲者就是处理武宗一朝的强势宰相李德裕及其党人。李忱正式执政的第二天就罢免了李德裕，在此后短短的一年多时间，宣宗李忱就把所有重要的李党成员全部贬出了朝廷，用行动全盘否定了前朝政治，同时迅速拔擢了一批新人，完成了对中央集权的换血，建立了新的宰执班子。

宣宗李忱十分自律和勤政，他执政的"大中时代"被后人誉为"小贞观"。宣宗李忱登基不久，便命人把《贞观政要》书写在屏风上，时常站在屏风前逐字逐句地阅读。此外，他还命翰林学士令狐绹每天朗读太宗所撰的《金镜》给他听，听到重要的地方便会让令狐绹停下来，说："若欲天下太平，当以此言为首要。"

还一件事也足以证明宣宗的勤政确实非一般君主可比。有一天，宣宗对令狐绹说："朕想知道文武百官的姓名和官秩。"百官人数多如牛毛，天子如何认得过来？令狐绹顿时大为踌躇，只好据实禀报："六品以下，官职低微，数目众多，都由吏部授职。五品以上，才由宰执提名，然后制诏宣授，各有簿籍及册命，称为'具员'。"宣宗随后便命宰相编了五卷本的《具员御览》，放在案头时时翻阅。

勤政的君主喜欢事必躬亲，并且总能明察秋毫，宣宗李忱在这一点上表现得尤其明显。有一次，他到北苑打猎，遇到一个樵夫。李忱问他的县籍，那人回说是泾阳（今陕西泾阳）人，李忱就问他县官是谁，樵夫答："李行言。"李忱又问："政事治理得如何？"樵夫说："此人不善通融，甚为固执。他曾经抓了几个强盗，这些强盗跟北司的禁军有些交情，北司就点名要他放人，李行言不但不放，还把这几个人杀了。"

李忱听后一言不发，回宫后就把此事和李行言的名字记了下来，钉在了柱子上。事情过去一个多月后，恰逢李行言升任海州（今江苏连云港）刺史，入朝谢恩，宣宗就赐给他金鱼袋和紫衣。在唐代，这象征着极大的荣宠，尤其在宣宗一朝，这样的赏赐更是绝无仅有。李行言受宠若惊，同时又大惑不解。宣宗问："你知道为什么能穿上紫衣吗？"李行言诚惶诚恐地答："不知道"，宣宗就命人取下殿柱上的帖子给他看。

还有一次，宣宗到渭水狩猎，路过一佛祠，看见醴泉（今陕西礼泉）县的一些父老正在设斋祷祝，祈求任期已满的醴泉县令李君爽能够留任。宣宗将这个县令的名字默记在心。后来怀州刺史出缺，宣宗遂亲笔写给宰相一张条子，将此职授予李君爽。宰相们愕然良久，不明白一个区区的醴泉县令何以能上达天厅，得到皇帝的青睐。随后李君爽入朝谢恩，天子将此事一说，宰相们才恍然大悟。

久而久之朝臣们明白了，皇上表面上是外出游猎，其实真正的目的是为了深入民间、了解民情，并且实地考察地方官吏的政绩。但是天下之大，宣宗不可能全部走遍，为此他特意想了个办法，密令翰林学士韦澳将天下各州的风土人情以及民生利弊编为一册，专门供他阅览。天子将其命名为《处分语》，此事除了韦澳之外无人知晓。不久，邓州刺史薛弘宗入朝奏事，下殿后忍不住对韦澳说："皇上对本州事务了解和熟悉的程度真是令人惊叹啊！"韦澳当然知道天子掌握的资料正是出自

《处分语》。

李忱是一个强势天子，在位期间，除了以强硬手腕消灭党争，在很大程度上遏制了宦官的嚣张气焰之外，还有一项巨大的历史功绩不可不提，那就是对河湟的收复。

自从"安史之乱"以来，河湟地区（今甘肃及青海东部）已经被吐蕃占据了将近百年之久。玄宗之后的历任天子，尤其是宪宗李纯，虽然大都怀有收复河湟的志向，但始终是心有余而力不足。因为藩镇之乱连年不绝，朝廷不得不屡屡用兵，而且朝政又被党争和宦祸搞得乌烟瘴气，使得李唐王朝自顾不暇，更不用说腾出手去对付吐蕃人了。到了武宗会昌年间，形势开始发生逆转，吐蕃爆发了大规模内战，其国内政局紊乱人心离散。

李忱即位后的大中三年二月，原本在吐蕃控制之下的秦州、原州、安乐州，以及石门、驿藏、制胜、石峡、木靖、木峡、六盘"三州七关"在一夜之间全部归降大唐。

本来三州七关的收复就已经让大唐臣民出乎意料了，没想到短短两年之后，所有河湟失地又被张义潮收复，全部回归了大唐版图。

自从"安史之乱"后，已经在内忧外患的灰暗中艰难行进了近百年的大唐帝国，在宣宗李忱的治理下闪耀出一抹辉煌。

宣宗时代，帝国虽然称不上是太平盛世，但起码也算是承平之局。"大中之治"落下帷幕后，历史给予李忱很高的评价："宣宗明察沉断，用法无私，从谏如流，重惜官赏，恭谨节俭，惠爱民物。故大中之政，讫于唐亡，人思咏之，谓之'小太宗'！"

■故事感悟

李忱这种为振兴大唐而隐忍多年的精神令人佩服。假痴发癫，这种装糊涂其实是一种韬晦之计，是一种故意示弱以麻痹敌人的以退为进、以柔克刚之术。

■史海撷英

唐宣宗严教子女

唐宣宗的二女儿永福公主选定了于综为驸马，不日就要下嫁了，公主自己也很高兴。可是，有一次公主在与宣宗同席吃饭时，因为一点儿小事恼气，把筷子折断了。宣宗见了非常生气，愤然地对公主说："你这般性情，怎么能嫁到士大夫家去做媳妇？"

宣宗当即传旨，令四女儿广德公主下嫁于综。就这样，永福公主眼睁睁地看着自己的未婚夫被父皇夺去，送给了妹妹。

■文苑拾萃

进宣宗收复河湟诗

（唐）崔铉

边陲万里注恩波，宇宙群芳洽凯歌。

右地名王争解辫，远方戎垒尽投戈。

烟尘永息三秋戍，瑞气遥清九折河。

共遇圣明千载运，更观俗阜与时和。

崇祯帝计除魏忠贤

◎古之善为道者，微妙玄通，深不可识。——《老子》

明思宗朱由检（1611—1644），明光宗朱常洛第五子，史料记载他是中国历史上最为勤勉，同时也是最具悲剧色彩的皇帝之一。天启七年（1627年）八月丁巳，16岁的朱由检即皇帝位，号崇祯。之后，雷厉风行地清除了魏忠贤和客氏的势力。崇祯执政时，明朝内乱、外患，地方势力割据，庞大的文官集团把持朝政，整个明帝国可谓内忧外患，风雨飘摇。崇祯十七年三月十九日（1644年4月25日），李自成攻破北京城，崇祯自尽殉国。

　　明朝末年，明熹宗即位后，魏忠贤开始平步青云，一时厂卫之毒流满天下，一大批不满魏忠贤的官员士子惨死狱中。而很多阿谀之臣到处为魏忠贤修建生祠，耗费民财数千万。魏忠贤自称九千岁，并且不断排除异己，专断国政，以致人们"只知有忠贤，而不知有皇上"。

　　明熹宗朱由校自幼丧母，由奶妈客氏抚养长大。但是，客氏却是个行为不检点的女人，勾引16岁的熹宗，并与之淫乱。后来，她又同大权在握的太监魏忠贤私通，两人狼狈为奸，骗取了熹宗的信任，内外勾结，专权枉法，把持朝政。

魏忠贤在朝中专横跋扈，形成了一股力量不小的恶势力。东林党人为了伸张正义，弹劾魏忠贤，遭到了残酷的迫害，几乎被赶尽杀绝。

明熹宗病死后，由于没有子嗣，王位便由其弟朱由检继承，这就是明思宗，也就是崇祯皇帝。魏忠贤失去了靠山后，感到很害怕。这时，东林党人再度起来弹劾魏忠贤。崇祯皇帝深知魏忠贤作恶多端，民愤极大，但是考虑到自己刚刚即位，还不便马上动手清除受熹宗重用的老太监。

崇祯皇帝心里有数，便不露声色。这时，魏忠贤假意要辞掉"东厂"的职务，崇祯皇帝却坚持不同意。大臣杨所修、杨维垣指责太监崔呈秀企图篡位，主事陆源登等人也上书弹劾魏忠贤，崇祯帝全都假装不知道。不久后，嘉兴人钱嘉征又上书，列举了魏忠贤的十大罪状，读起来简直令人发指。

这时，崇祯帝见朝野上下一心反对魏忠贤，觉得时机已经成熟，于是将魏忠贤召来，在朝廷上当众宣读钱嘉征的信，令魏忠贤万分恐惧。魏忠贤企图用重金收买信王府的太监徐应元去求情，但遭到了拒绝。

于是，崇祯帝下令削去魏忠贤的一切权力，将其贬谪到安徽凤阳。然而，魏忠贤去凤阳时，竟然用上千匹好马和800名壮士护送他搜刮来的财宝。崇祯帝得知后大怒，下令将魏忠贤抓回北京斩首。魏忠贤畏罪自缢后，崇祯帝又下令戮尸。

接着，崇祯帝开始大张旗鼓地清洗魏忠贤的党羽，将他的侄子、侄孙和客氏的兄弟、儿子等都纷纷处死，客氏被笞死，崔秀呈等太监被斩首。东林党的名誉得到了恢复，被关押的人都被释放复职。

崇祯皇帝深藏不露是为了掩人耳目。历史上不乏有些皇帝认为权利没有达到时或者装疯，或者装哑，麻痹对手，宗旨只有一个，那就是掩藏真实目的。在时机不成熟时，必须像猎人一样耐心潜伏着，有效地隐蔽自己、保护自己，从而让对手充分彻底地暴露出他的全部招数，然后再抓住其要害给予致命打击。

■史海撷英

崇祯与文官集团

明朝崇祯帝执政时期，对于"满清"问题，群臣分为主战派和主和派两派。崇祯帝起用了主战派的袁崇焕。而文官集团使得军中之将只重出身门第，因此几次大规模对"满清"的军事活动均遭惨败，这些都削弱了明朝的军事力量，从而导致最终无力镇压农民军起义，间接加速了明朝的灭亡。

至此，曾经强盛的明朝帝国已经风雨飘摇，两党分庭对抗，却难寻能用之人，也难寻可用之人。崇祯帝即位之初，在文官集团的帮助下诛灭了魏忠贤阉党，也间接推动了文官集团的权利膨胀。

明朝庞大的文官集团对君权的限制使这个末代帝王无能为力，他的一生在不断地为了国家奋斗，也在不断地与文官集团对抗中挣扎。

崇祯帝在位的17年，除了镇压农民军以及抵抗"满清"入侵外，更多的心力都用于削弱文官集团的势力，并取得了一定的成效。

悼崇祯

（清）屈大钧

先帝宵衣久，忧勤为万方；
捐躯酬赤子，披发见高皇。
风雨迷神路，山河尽国殇；
御袍留血诏，哀痛何能忘！

康熙帝"摔跤"除鳌拜

◎愚者暗于成事，智者见于未萌。——《战国策》

康熙帝（1654—1722），大清圣祖仁皇帝，名爱新觉罗·玄烨，清朝第四位皇帝，也是清军入关以后第二位皇帝，年号"康熙"，为中国历史上的成功帝王之一。康熙帝在位61年（1661—1722年），是在位时间最长的皇帝。康熙帝执政期间，撤除吴三桂等三藩势力（1673年），统一台湾（1684年），平定准噶尔汗噶尔丹叛乱（1688—1697年），并抵抗了当时沙俄对我国东北地区的侵略，签订了中俄《尼布楚条约》，维持了东北边境150多年的边界和平。康熙帝组织编辑与出版了《康熙字典》《古今图书集成》《历象考成》《数理精蕴》《康熙永年历法》《康熙皇舆全览图》等图书、历法和地图。

清代康熙帝即位时仅仅7岁零9个月，年龄很小，顺治帝便将索尼、苏克萨哈、遏必隆和鳌拜四人招来，让他们做顾命大臣。这四个人也在顺治帝前宣誓，表示"协忠诚、共生死、辅佐政务"，"不计私怨、不听旁人及兄弟子侄教唆之言，不求无义之富贵"。但是不久之后，这四位大臣就忘记了他们的誓言。

少年康熙皇帝即位后，摆在面前的形势是十分严峻的。就朝廷以外的情况看：满清入关不到20年，人心并未归附，前明之思还在人们心中隐藏着。尤其是镇守云南的平西王吴三桂、镇守福建的靖南王耿精忠、镇守广东的平南王尚可喜，三藩势力强大，多年来一直都在准备造反。台湾岛上郑成功的后代也虎视眈眈，窥视着清朝的东南沿海一带，寻找时机，准备反攻。而东北方还有俄国军队在不断地骚扰边境，侵吞土地，掠夺人口和财富；西边的西藏也很不安定；西北部的准噶尔部更是气焰嚣张，不断向东进扰；北方还有蒙古各部落，也在伺机南下。

朝廷内部的局势更令人忧虑，在四位顾命大臣中，索尼因年纪大已病故，遏必隆便勾结鳌拜，唯鳌拜之命是从。苏克萨哈是鳌拜的对头，不久，苏克萨哈被鳌拜陷害致死。这样，朝廷之上就只有鳌拜一党了。

鳌拜是"巴图鲁"（满族语：勇士）出身，号称"满洲第一勇士"。他性格强暴，为人武勇，极难制服。在他把持了朝廷大权后，便大肆捕杀异己，曾擅自下诏杀死了山东、河南的巡抚和总督。在朝廷上，鳌拜也是专横跋扈、盛气凌人，根本不把小皇帝玄烨放在眼里，也没有一丝人臣之礼。他对康熙帝视若无物，经常当众与康熙帝大声争论乃至训斥康熙帝，直到康熙帝让步为止。

在处置苏克萨哈时，鳌拜要将他凌迟处死，康熙帝认为他无罪，鳌拜就大声争执。康熙帝仍然不答应，鳌拜竟然捋起衣袖，上前就要打康熙帝。康熙帝害怕，只好同意鳌拜把苏克萨哈处以绞刑。

面对这样内忧外困的局面，康熙帝如果想开创一个太平兴盛的朝代，必然要有非凡的谋略和气魄才行。

不过，少年时代的康熙帝就已经表现出了不同于一般人的胆识。首先，他决定除掉鳌拜，掌握实权，然后再作他图。

康熙帝除掉鳌拜的方式极具少年的心性特点。当时，鳌拜掌握军权，如果直接下令捉拿，必然会引起叛乱。那样不仅捉拿不到鳌拜，连康熙帝自己都有危险。朝中的正直大臣，甚至太后对此也是一筹莫展。

有一次，鳌拜称病不上朝，康熙帝亲自去看望他。鳌拜躺在床上，卫士见他的神色有异，急忙上前检查。揭开被子，发现鳌拜的身下藏着一把锋利的匕首。鳌拜当时极为紧张，卫士也不知该如何处置。康熙帝却道："随身携刀是满族人的风俗，不必大惊小怪。"就这样，康熙帝在不动声色中稳住了鳌拜。

1667年，康熙帝14岁，按照当时的规定，他可以亲政了，但此时有鳌拜专权，康熙帝根本亲不了政，所以除掉鳌拜也成了当务之急。可是明捉不行，用什么办法才好呢？康熙帝终于想出一计，并且不动声色地行动起来。

满族人都喜欢摔跤，康熙帝就挑选了一些身体强壮的贵族少年子弟，到宫中练习摔跤。练了一年有余，少年们的技艺都大为长进。康熙帝也经常到摔跤房去练习，也窥得了门径。宫廷中的王公大臣以及后妃太监们也都知道这件事，但都觉得是少年心性，十分自然，没有任何人怀疑康熙帝能有什么其他的动机。在不知不觉之中，康熙帝亲选的这支"娃娃兵"就练好了。

在这期间，康熙帝还是依照中国传统的"将欲夺之，必先予之"的做法，连连给鳌拜升官加爵。鳌拜父子先后被升为"一等公"和"二等公"，再先后加上"太师"和"少师"的封号。康熙帝这样做不仅稳住了鳌拜，还使他放松了戒备。

在康熙帝16岁时，终于一切准备就绪了。一天，康熙帝先把"娃娃兵"布置在书房内，等鳌拜单独进见奏事时，康熙帝一声令下，"娃娃兵"一拥而上，立刻把鳌拜掀翻在地死命按住。康熙帝又让"娃娃兵"把鳌拜捆绑牢靠，投入监狱。

这些"娃娃兵"在做完了这样一件大事后，尚且都蒙在鼓中，还以为是小皇帝让他们捉鳌拜考校他们的功夫呢。当然也只有这样，才能守得住秘密，否则，鳌拜的耳目极多，只怕要"出师未捷身先死"了！

捉住鳌拜之后，康熙帝立即宣布了鳌拜的十三大罪状，并组织人审判鳌拜，把鳌拜集团的首恶分子一网打尽。不久，鳌拜死于狱中。

此后，康熙帝又为受鳌拜迫害和打击的人臣平反昭雪，发还了被鳌拜霸占的民田，又限制了奴仆制度，改革了政府机构。康熙帝所采取的这些雷厉风行的重大举措，使一些反应慢的大臣简直是目瞪口呆，但他们很快就缓过神来，觉得康熙帝实在是一位英明的君主。康熙帝也从此集中了权力，建立了威信。

■故事感悟

少年康熙帝在权臣鳌拜面前没有畏惧退缩，而是采用先缓和又治理的计策：一方面通过封侯来麻痹鳌拜，使鳌拜放松警惕；另一方面又终日与少年子弟练习摔跤游戏，练好了擒拿鳌拜的帮手。康熙帝的大智大勇也最终让他将问题处理得恰到好处，实在令人佩服。

■史海撷英

康熙帝平定准噶尔叛乱

清朝时期，康熙帝平定准噶尔贵族叛乱之战，是一次维护祖国统一、反对民族分裂的正义战争。

这次战争起于清康熙二十九年（1690年），迄于清乾隆二十二年（1757

年），迭经三朝，历时70余年，最终平叛息乱，取得了完全胜利，有力地打击了沙皇对中国国土的野心，对于以后挫败外侵者勾结利用民族败类分裂祖国的阴谋，捍卫西北边疆的斗争，产生了良好影响。

■文苑拾萃

《康熙字典》

《康熙字典》是由清朝的张玉书、陈廷敬等30多位著名学者奉康熙帝圣旨，倾力编撰的一部具有深远影响的汉字辞书。

该书的编撰始于康熙四十九年（1710年），成书于康熙五十五年（1716年），历时六年。该字典采用部首分类法，按笔画排列单字，字典全书分为十二集，以十二地支标识，每集又分为上、中、下三卷，并按韵母、声调以及音节分类排列韵母表及其对应汉字，共收录汉字47015个，为汉字研究的主要参考文献之一。

《康熙字典》入选为中国世界纪录协会中国收录汉字最多的古代字典，同时也是中国第一部以字典命名的汉字辞书。

第三篇
藏锋露拙大智若愚

孙膑装疯脱身

◎尺蠖之屈，以求信也；龙蛇之蛰，以存身也。——《周易·系辞下》

孙膑（生卒年不详），字伯灵，孙武后代，中国战国时期军事家，汉族，山东鄄城人，生于战国时期的齐国阿鄄之间（今山东省的阳谷县阿城镇，鄄城县北一带）。孙膑指挥了著名的马陵之战。著有《孙膑兵法》，久已失传。

我国古代著名的军事家孙膑，曾经和庞涓是同学，拜鬼谷子先生为师一起学习兵法。有一年，当听到魏国国君以优厚待遇招求天下贤才到魏国做将相时，庞涓再也耐不住深山学艺的艰苦与寂寞，便下山谋求富贵。

庞涓到了魏国后，见到了魏王。魏王问他治国安邦、统兵打仗等方面的才能、见识，庞涓倾尽胸中所有，滔滔不绝地讲了很长时间。魏王听了很兴奋，便任命庞涓为元帅，执掌魏国的兵权。

后来，孙膑经人推荐也来到了魏国，魏王对孙膑也很敬重，打算封孙膑为副军师，与庞涓同掌兵权。庞涓最忌讳的就是这种情况。他得知自己下山后，孙膑在先生的教诲下，学问才能更高于从前，十分嫉妒，可他表面上却说："臣与孙膑，同窗结义，孙膑是臣的兄长，怎么能屈居副职在我之下？不如先拜为客卿，待建立功绩、获得国人尊敬后直接封为军师。那时，我愿让位，甘居孙兄之下。"

魏王听罢，同意了庞涓的建议。

其实，这不过是庞涓防范孙膑与他争权的计谋，他已下定决心必须除掉孙膑，否则，日后必然屈居其下了！于是，他开始设计陷害孙膑，说孙膑私通齐使要叛魏投齐，于是魏王大发雷霆，不容半句解释，就令武士把孙膑抓起来押到军师府问罪！

庞涓为了得到孙膑的兵书，故意不让他死，建议魏王用尖刀剜剔下孙膑的两个膝盖骨，并在脸上用黑墨刺上"私通敌国"四字。

这时庞涓泪流满面地走进来，亲自为孙膑上药、包裹，把他抱进卧室百般抚慰，无微不至地照料。一个月之后，孙膑伤口基本愈合，但再也不能走路，只能盘腿坐在床上，成了残废之人。

孙膑知道庞涓也想全面学习这十三篇兵法，就欣然答应把鬼谷子先生所传的孙子兵法十三篇及注释讲解写出来。而且从那天起，他便日以继夜地在木简上写起来，日复一日废寝忘食，以致人都劳累得变了形。

后来，孙膑无意中从一个佣人那里得知，庞涓想等他写完兵书后，就把他处死，孙膑的身心一下子凉透了！

第二天，正准备继续写书的孙膑当着小孩儿及两个卫士的面，忽然大叫一声昏倒在地，大口呕吐，两眼翻白四肢乱颤。过了一会儿，孙膑醒过来，却神态恍惚，无端发怒，瞪起眼睛大骂："你们为什么要用毒药害我？"

骂着骂着，孙膑一下子推翻了书案桌椅，扫掉了烛台文具，接着抓起费尽心血好容易写成的部分兵法，一把扔到火盆里。立时，烈焰升起，孙膑则把自己的身体扑向大火，头发胡子都烧着了。

人们慌忙把孙膑救起，孙膑仍然神志不清地又哭又骂，那些书简则抢救不及已化成灰烬。等到庞涓急慌慌地跑来一看，只见孙膑满脸吐出之物脏不忍睹，又趴在地上忽而磕头求饶、忽而呵呵大笑，完全一副疯癫状态。庞涓使劲甩开他脏兮兮的痉挛的手，心里疑惑，怀疑孙膑是装疯，就命令把他拽到猪圈里。孙膑浑身污秽不堪，披头散发，全然不觉地在猪圈泥水中滚倒，直怔怔瞪着两眼，又哭、又笑……

庞涓又派人在夜晚四周别无他人时，悄悄送食物给孙膑，并对孙膑说："我是庞府下人，深知先生冤屈，实在同情您。请您悄悄吃点东西，别让庞将军知道！"

孙膑则一把打翻食物，狰狞起面孔，厉声大骂："你又要毒死我吗？"

来人气极了，就捡起猪粪、泥块给他。孙膑接过来就往嘴里塞，毫无感觉的模样。于是来人回报庞涓："孙膑是真疯了。"

庞涓这时才有些相信，渐渐对孙膑的看管不那么严了，但仍命令无论孙膑在什么地方，当天必须向他报告。

然而，真正知道孙膑是装疯避祸的只有一个人，就是当初了解孙膑的才能与智谋，并向魏王推荐孙膑的人。这个人就是赫赫有名的墨子墨翟。

墨子将孙膑的境遇告诉了齐国大将田忌，又讲述了孙膑的杰出才能。田忌把情况报告了齐威王，齐威王马上要他无论用什么方法，也要把孙膑救出来，为齐国效力。

于是，田忌派人到魏国，趁庞涓疏忽，在一个夜晚，先用一人扮作疯了的孙膑，把真孙膑换出来，脱离庞涓的监视，然后快马加鞭，迅速载着孙膑逃出了魏国。等庞涓发现时，孙膑已经被接走了。

孙膑到了齐国后，齐王十分敬重他。后来在马陵道之战中，庞涓忽然被一棵大树挡住去路，隐约见到树身有字迹。此时天色已黑，庞涓令人点亮火把，亲自上前辨认树上之字，只见树上用墨写了六个大字："庞涓死此树下。"

庞涓看完字后，立刻大惊失色，大喊道："我中计了！"

话音未落，一声锣响万弩齐发，箭如骤雨，庞涓"扑通"栽倒在地，气绝身亡。

□故事感悟

孙膑被庞涓陷害之后，通过装疯的方式逃出了魏国。在面对小人陷害时，要想尽一切可能的办法保护好自己，以期脱离那个环境，哪怕装疯卖傻。在处世中要获得生存，有时太刚直就容易招致麻烦。为了达到最终目的，在恶劣的环境下要掩饰好自己，寻找机会，东山再起。

□史海撷英

围魏救赵

公元前354年，魏国军队围攻赵国的都城邯郸，双方战守年余，导致赵衰魏疲。

这时，齐国应赵国的求救，派田忌为大将，孙膑为军师，率兵八万前往救援赵国。攻击方向选在哪里呢？起初，田忌准备直趋邯郸，但孙膑认为，要想解开纷乱的丝线，就不能用手强拉硬扯；要想排解别人打架，就不能直接参与打斗。派兵解围，需要避实就虚，击中要害。

孙膑向田忌建议，现在魏国精锐部队都集中在赵国，内部空虚，如果我们带兵向魏国的都城大梁猛插进去，占据它的交通要道，袭击它空虚的地方，它必然就要放下赵国回师自救。这样，齐军可乘魏国疲惫，在预先选好的作战地区桂陵迎敌于归途，魏军必将大败，赵国之围遂解。

田忌采纳了孙膑的建议，结果大败魏军。孙膑提供的这种用围攻魏国的办法来解救赵国的危困，在我国历史上是一个很有名的战例，被后来的军事家们列为《三十六计》中的重要一计。围魏救赵这一避实就虚的战法也为历代军事家所欣赏，至今仍有其生命力。

□ **文苑拾萃**

孙 膑

（唐）周昙

曾嫌胜己害贤人，钻火明知速自焚。
断足尔能行不足，逢君谁肯不酬君。

龚遂大智若愚

◎行而自炫，人莫之取也。——《墨子》

龚遂（生卒年不详），字少卿，西汉山阳郡南平阳县（今邹城市平阳寺）人，以明经为昌邑王郎中令。

龚遂是汉宣帝时期一名能干的官吏。当时，渤海一带连年灾害，百姓不堪忍受饥饿，纷纷聚众造反。当地的官员镇压无效，束手无策，于是，宣帝便派年已70余岁的龚遂去担任渤海太守。

龚遂轻车简从，到任后积极安抚百姓，与民休息，鼓励农民垦田种桑，规定农家每户种一株榆树、100棵菱白、50棵葱、一畦韭菜，养两口母猪、五只鸡。

经过几年的辛勤治理，渤海一带社会稳定，百姓安居乐业，温饱有余，龚遂从此名声大振。

于是，汉宣帝召龚遂还朝。龚遂有个属吏王先生，请求随他一同到长安，说："我对你会有好处的！"

属吏们都不同意，说："这个人一天到晚都喝得醉醺醺的，又好说大话，还是不要带他去为好！"

龚遂却大度地说："他想去就让他去吧！"

到了长安后，这位王先生还是终日沉溺于狂欢，也不见龚遂。有一天，当他听说皇帝召见龚遂时，便对看门人说："去将我的主人叫到我的住处来，我有话要对他说！"

龚遂还真来了。王先生就问龚遂："天子如果问大人是如何治理渤海的，大人打算如何回答呢？"

龚遂说："我就说任用贤才，使人各尽其能，严格执法，赏罚分明。"

王先生连连摇头，说："不好！不好！这么说岂不是自夸其功吗？请大人这么回答：'这不是微臣的功劳，而是天子的神灵威武所感化！'"

龚遂接受了王先生的建议，按他的话回答了汉宣帝。宣帝听后，果然十分高兴，便将龚遂留在身边，任他以显要而又轻闲的官职。

■故事感悟

龚遂接受了下属的建议，中庸处世，不自夸自己的功劳，而将功劳归于皇上，使皇上心里高兴。然而，许多人却不谙此道，很怕别人不知道自己的成绩，总是大吹特吹，结果最后害了自己。

■史海撷英

龚遂力谏刘贺

汉昭帝时期，昌邑王刘贺多有不正，而龚遂却为人忠厚，刚正不阿，屡屡劝谏，刘贺不但不听，反而"掩耳起走"，并对人说："郎中令最善于羞辱人了。"因此，国中僚属都惧怕刘贺而不敢轻易劝谏。

汉昭帝驾崩，由于没子嗣，便立昌邑王刘贺为天子。国丧期间，刘贺不仅不履行帝王之责，而且无哀伤之容，却"日益骄溢，谏之不复听"，且

"日与近臣饮食作乐，斗虎豹，召皮轩，车九流，驱驰东西，所为悖道"，龚遂力谏而无效。

刘贺即位仅仅27天，就因荒淫无道而被废，另立刘询为帝，是为汉宣帝。刘贺被废后，原有昌邑王府群臣200余人受诛，唯独龚遂与中尉王阳因屡谏未堕其流而免死，只以髡发示众处置。

□文苑拾萃

龚 遂

（宋）徐钧

带牛佩犊俗难平，喜得公来便息兵。
最是有功能不伐，君前犹自逊王生。

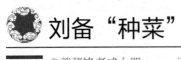

刘备"种菜"

◎善藏锋者成大器。——谚语

> 刘备（161—223），字玄德，涿郡涿县（今河北涿州）人，据说是汉中山靖王刘胜的后代，是三国时期蜀汉开国皇帝，政治家。221—223年在位，谥号昭烈帝，庙号烈祖，史家又称他为"先主"。

　　刘备年轻时喜欢结交朋友，关羽、张飞就是他肝胆相照的兄弟。在乱世之时，刘备想有一番作为，于是招兵买马，组织了一支不小的部队。但是，这支部队若想生存下来却不容易。为了积蓄力量，保存实力，刘备只好投靠曹操。

　　刘备在曹操、吕布之战后，随曹操回到许都排谱认宗，汉献帝认他为"皇叔"。曹操表面上非常尊敬刘备，但暗地里却防备着他，因为曹操知道刘备不是一般人，怕刘备以后不利于他。刘备也知道曹操提防着自己，为了打消曹操的戒心，他经常关着门在院子里种菜，装出对时事漠不关心的样子。

　　汉献帝眼见曹操越来越飞扬跋扈，便秘密写了一封诏书置于衣带内赐予国舅董承。诏书中要董承纠合忠义两全之士，殄灭曹操奸党。董承请刘备参与其事，刘备答应了。为了避免曹操知道此事后发生不测，刘备便以韬光养晦为谋略，故意做出一些"小人"之事来。

有一天，刘备正在后园浇菜，曹操差人来请，刘备只得去见曹操。曹操见到刘备后，第一句话就是："在家做得好大事。"

刘备以为曹操知道了自己参与衣带诏密谋的事，吓得面如土色。直至曹操说出"玄德学圃不易"的话后，刘备方才放心地回答说："无事消遣耳。"

随后，曹操拉着刘备到小亭，盘置青梅，一樽煮酒，二人对坐，开怀畅饮。在饮酒间曹操问刘备："玄德久历四方，必知当世英雄，请试指言之。"

刘备却推辞说："备肉眼安识英雄。"

经曹操催逼，刘备只好把那些并非英雄的人物，如袁术、袁绍、刘表、孙策、刘璋、张绣、张鲁、韩遂等人称为英雄，结果都被曹操一一否定了。刘备便说："舍此之外，备实不知。"

曹操说："夫英雄者，胸怀大志，腹有良谋，有包藏宇宙之机，吞吐天地之志者也。"

刘备问道："谁能当之？"

曹操以手指刘备，然后又指着自己，说："今天下英雄，唯使君与操耳。"

刘备闻言吃了一惊，手中所拿的匙箸不觉落在地下。这时正值天雨将至，雷声大作，刘备于是从容地俯首拾箸道："一震之威，乃至于此。"

曹操笑着问道："丈夫亦畏雷乎？"

刘备说："圣人迅雷风烈必变，安得不畏？"就这样，刘备把筷子落地的原因轻轻地掩饰过去了。

曹操见刘备如此胆小，打雷也怕成这样，以为他是个没有出息的胆小鬼，就对他放松了警惕。

后来，刘备乘袁术投袁绍之际向曹操要求："术若投绍，必从徐州过。备请一军就半路截击，术可擒矣。"曹操竟然接受了刘备的意见，让他领兵五万匆匆离开了许都。关、张二人问他："兄今番出征，何故如此慌速？"

刘备答道："吾乃笼中鸟，网中鱼。此一行如鱼入大海，鸟上青霄，不受笼网之羁绊也。"

可见，刘备韬光养晦的谋略获得了成功。

■故事感悟

在煮酒论英雄中，曹操咄咄逼人，刘备则扮演胸无大志、不识天下英雄之人。由于刘备在曹操面前一直扮演胸无大志的角色，才使曹操放松了警惕，最终逃出虎口，成就了一番大业。善于伏藏是制胜的关键，一个不懂得伏藏的人，即使能力再强、智商再高，也难战胜敌人。

■史海撷英

刘备收买人心

刘备在外抵御贼寇，在内则乐善好施，即使不是身为士人的普通百姓，都可以与他同席而坐，同篮而食，不会有所拣择。

据说，郡民刘平因为不服从刘备的治理，唆使刺客前去暗杀刘备。刘备对此毫不知情，对刺客十分礼遇，让刺客深受感动。刺客不忍心杀害刘备，向刘备坦露实情后离去。

当时，黄巾余党管亥率众军攻打北海，北海相孔融被大军所围，情势十分危急，于是孔融便派太史慈突围向刘备求救。刘备惊讶地答道："北海相孔融居然知道世上有刘备！"于是立即派出三千精兵，随太史慈前往北海救援。黄巾军闻知援军到来，四散而逃，孔融得以解围。

■文苑拾萃

咏怀古迹

（唐）杜甫

蜀主窥吴幸三峡，崩年亦在永安宫。
翠华想像空山里，玉殿虚无野寺中。
古庙杉松巢水鹤，岁时伏腊走村翁。
武侯祠堂常邻近，一体君臣祭祀同。

李渊"腐败懦弱"

◎计利以听，乃为之势，以佐其外。势者，因利而制权也。——《孙子》

> 　　唐高祖李渊（566—635），唐代开国皇帝，西汉前将军李广、十六国时期西凉国开国君主李暠之后裔，字叔德，汉族，陇西成纪人，祖籍赵郡隆庆（今邢台市隆尧县）。618年5月，李渊称帝，年号武德，改国号唐，定都长安，不久后便一统全国。626年，李世民发动"玄武门之变"后，李渊退位为太上皇。前后在位八年，庙号高祖，葬献陵。

　　隋炀帝杨广即位后，李渊任荥阳（今河南郑州）、楼烦（今山西静乐）两郡的太守，后又被召为殿内少监，迁卫尉少卿；大业十一年（615年），拜山西河东慰抚大使；大业十三年（617年），拜太原留守。

　　当时，政局动乱，隋炀帝统治残暴，各地的农民起义风起云涌，隋朝的许多官员也都纷纷倒戈，转而投向农民起义军，因此，隋炀帝的疑心很重，对朝中大臣，尤其是对外藩重臣，更是容易起疑心。

　　李渊曾多次担任朝臣和地方官，所到之处都悉心结纳当地的英雄豪杰，多方树立恩德，因而声望很高，很多人都归附于李渊。但这样一来大家也担心他遭到隋炀帝的猜忌。

有一天，隋炀帝下诏让李渊进宫晋见，李渊因病未能前往，隋炀帝很不高兴，多少有猜疑之心。当时，李渊的外甥女王氏是隋炀帝的妃子，隋炀帝就问她李渊未来朝见的原因。王氏回答说是因为病了，隋炀帝又问道："会死吗？"

王氏把这消息传给了李渊，李渊更加谨慎起来。他知道，自己迟早为隋炀帝所不容，但过早起事又担心力量不足，所以只好隐忍等待。

于是，李渊故意广纳贿赂，败坏自己的名声，并故意常常沉湎于声色犬马之中，且大肆张扬。隋炀帝听到这些传闻后，果然放松了对李渊的警惕。

615年，李渊奉命追讨群盗，对于普通的盗寇都能很快地剿灭而毫不费力；对于北方突厥，因其有铁骑，民众善于骑射，李渊是大伤脑筋，多次交战，败多胜少。突厥兵横行无忌，李渊对其恨之入骨。

616年，李渊任太原留守期间，突厥动用数万兵马，轮番攻击太原城池，李渊遣部将王康达率千余人出战，几乎全军覆没。后来，李渊巧用疑兵之计，才勉强吓跑了突厥兵。

这时，盗寇刘武周突然攻进汾阳宫（隋炀帝的离宫之一），掠取妇女，献给突厥。突厥即封刘武周为定杨可汗。在突厥的庇护下，郭子和、恭举等都纷纷起兵闹事，李渊被弄得焦头烂额，随时都有可能被隋炀帝以失职为借口杀头。

大家都认为李渊想与突厥决一死战，不料李渊却派遣谋士刘文静出使突厥，向突厥屈节称臣，并表示愿把"子女玉帛"献给始毕可汗。这种屈节称臣行为，就连李渊的儿子们都深感耻辱。乃至后来李世民当上皇帝后，对这件事仍然耿耿于怀："突厥强梁，太上皇（即李渊）……称臣……朕未尝不痛心疾首。"

其实，李渊有自己的打算。当时，他仔细地分析了天下大势，断然决定起兵反隋，最终成了大气候。他的策略是：那时的太原虽然是一个军事要塞，但却并非理想的根据地，必须占据关中才能谋取天下。而要进取关中，太原又是万万不可丢失的大后方。用什么办法才能保住太原，让大军西进没有后顾之忧呢？

当时，李渊手下的兵将不过几万人，即使全部屯守在太原，应付突厥的攻击，追剿四方盗寇，也是捉襟见肘。现在要进军关中，兵少将缺就会更加难以应付。唯一的办法，就是采取和亲的政策，向突厥示弱，使其得到好处，放松对李渊的警惕。

因此，李渊才不惜屈节向突厥称臣，并亲写手书道："欲大举义兵远迎主上，复与贵国和亲，如文帝时故例。大汗肯为发兵相应，助我南行，幸勿侵暴百姓。若但欲和亲，坐受金帛，亦唯大汗是命。"

李渊与突厥议定共定京师，土地归李渊，子女玉帛统统属于突厥。唯利是图的始毕可汗果然与李渊修好。李渊从太原进入长安后，只留下三子李元吉率少数人马留守在太原，却从未受到突厥的攻击。依附突厥的刘武周等也大为收敛。于是，李元吉就可以从太原不断地为前线输送兵马粮草。

619年，刘武周攻克晋阳。此时，李渊早已在关中建立了唐王朝，拥有幅员辽阔的根据地。李渊派李世民出马，毫不费力地就收复了太原。

由于李渊对突厥的示弱态度，唐军在战斗中得到了突厥不少资助，一路上始毕可汗还送给李渊不少马匹及士兵。李渊借机购来大批马匹，建立了一支战斗力极强的骑兵。因为汉人素来恐惧突厥骑兵的英勇善战，军中有突厥骑兵，李渊之军也增加了不少声势。

此后，弱小的李家既保住了后方根据地，又顺利地打进关中。再后来，突厥便不得不向强大的唐朝乞和称臣了。

■故事感悟

面对暴戾的隋炀帝，李渊广纳贿赂，表面上沉迷于声色犬马，放松了炀帝对他的猜忌之心；后来面对威胁自己后方的突厥，为了统一大业，又屈节称臣于突厥，这并不是一种懦弱无能的表现，而是通向成功之路的一种手段而已。李渊的露拙示弱行为，不失为明智的策略。

■史海撷英

李渊建立唐朝

隋朝末期，政局动乱，农民起义遍布全国，李渊便与次子李世民在大业十三年（617年）五月起兵叛乱，招募军队，并于七月率师南下。

此时，瓦岗军在李密的带领下，正与困守洛阳的王世充激战，李渊乘隙进取关中。十一月，李渊攻拔长安，在关中站稳了脚跟。

李渊进入长安后，便立炀帝的孙子代王杨侑为天子（恭帝），改元义宁，遥尊炀帝为太上皇；又以杨侑的名义自加假黄钺、使持节、大都督内外诸军事、尚书令、大丞相等，并进封唐王，综理朝政万机。

次年（618年）五月，李渊称帝，改国号为唐，定都长安。不久之后，唐王朝便统一了全国。

历代诗·唐

（南宋）杨简

唐祖是李渊，太宗高则天。

中宗曾见废，睿宗传与玄。

肃代德顺宪，穆敬文武宣。

懿僖及昭哀，二十一君传。

二百九十四，朱梁称元年。

尉迟恭守庸而终

◎守之以谦，必受之以益。——范仲淹

尉迟恭（585—658），本名尉迟融，字敬德，汉族，朔州鄯阳（今山西朔城区）人，唐朝名将，是凌烟阁24功臣之一，赠司徒兼并州都督，谥忠武，赐陪葬昭陵。传说尉迟恭面如黑炭，在中国传统文化中，尉迟恭与秦叔宝（秦琼）是"门神"的原型。

贞观六年九月的一天，唐太宗李世民在自己的出生地武功（今陕西武功）的庆善宫赐宴百官。

当时，全国上下四夷宾服、海内晏安，君臣们自然是心情舒畅，都在宴席上赏乐观舞，饮酒赋诗，一派喜庆祥和之状。然而，在觥筹交错、欢声笑语之间，有一个人却满面怒容，他就是尉迟敬德。

从一入席，尉迟敬德就满怀怒火。因为当时有个功勋并不高的将领，此时此刻的座次却在他之上，尉迟敬德无论如何也咽不下这口恶气。他越想越生气，于是就借着酒劲发起飙来，对着那个将领怒喝道："你有何功劳，座次居然在我之上？"

对方慑于尉迟敬德的气势，也怕破坏宴会的气氛，只好低下头不敢吱声。坐在尉迟敬德下面的任城王李道宗见势不妙，赶紧过来打圆场，不住地好言劝解。没想到，尉迟敬德突然怒目圆睁，额头上青筋暴起，猛然挥出一拳砸在了这位亲王的脸上。李道宗当场血流如注，一只眼睛差点报废。

庆善宫的喜庆气氛在刹那间凝固了。百官们都目瞪口呆，弄不清这一幕究竟是怎么发生的。太宗李世民见状，龙颜大怒，当即站起来拂袖而去。一场好端端的宴会，就这样不欢而散。

宴席散后，李世民把尉迟敬德叫到了自己面前，此刻尉迟敬德的酒早已醒了。他的内心十分惶恐，不知道太宗会怎样惩治他。

果然，李世民对尉迟敬德说："朕过去对汉高祖刘邦诛杀功臣之事非常反感，所以总想跟你们同保富贵，让子子孙孙共享荣华、世代不绝。可是，你身为朝廷命官，却屡屡触犯国法。朕到今天才知道，韩信、彭越之所以被剁成肉酱（菹醢之刑），并不是刘邦的过错。国家纲纪，唯赏与罚；非分之恩，不可常有！你要深加反省，好自为之，免得到时候后悔都来不及！"

身为人臣听到皇帝当面对自己说这样的话，尉迟敬德全身都被冷汗浸透了。就是从这时起，这个大半生纵横沙场的猛将一改过去的粗犷和豪放，变得谨小慎微起来，事事都唯恐越雷池半步。因为他知道，要想保住自己颈上的人头和整个家族的荣华富贵，最好的办法就是学会自我克制，而且要比任何人都更懂得自我克制。

尽管尉迟敬德从这件事后就学会了夹起尾巴做人，凡事小心翼翼，但是，李世民还是没有忘记随时敲打他。

贞观十三年，君臣间又有了一次非同寻常的谈话。李世民先是和尉迟敬德说了一些无关紧要的事，而后忽然话锋一转，说："有人说你要造反，这是怎么回事？"

尉迟敬德顿时一怔，可他马上就明白是怎么回事了——皇帝这是在对他念紧箍咒啊！

"是的，臣是要造反！"尉迟敬德忽然提高了嗓门，悲愤地说："臣追随陛下征伐四方，身经百战，今天剩下的这副躯壳，不过是刀锋箭头下的残余罢了。如今天下已定，陛下竟然疑心臣要造反！"

话音未落，尉迟敬德"哗"的一声解下上衣，遍身的箭伤和刀疤赫然裸露在李世民的面前。

李世民不无尴尬地看着这个一路跟随他出生入死的心腹猛将，眼前那一道道触目惊心的伤疤仿佛都在述说着当年浴血奋战的悲壮和艰辛，以及君臣之间同生共死的特殊情谊……

李世民的眼眶湿润了，他随即和颜悦色地对尉迟敬德说："贤卿快把衣服穿上，朕就是因为不怀疑你，才会跟你说这事，你还埋怨什么？"

经过这次敲打，尉迟敬德越发显得低调内敛了，而李世民对他的表现也感到很满意，所以自然而然地收起了"大棒"，很快就给出了一个足以让尉迟敬德受宠若惊的"胡萝卜"。

有一天，又是在君臣之间对话时，李世民说着说着，忽然对尉迟敬德冒出这样一句话："朕打算把女儿许配给你，不知贤卿意下如何？"

虽然这次不再是什么坏消息，而是天大的好事，可尉迟敬德所感受到的诧异却丝毫不亚于上次。因为这一年，尉迟敬德已经55岁了，而太宗皇帝本人也不过才43岁，他的女儿能有多大可想而知。如此不可思议的恩宠，尉迟敬德怎么敢消受？

好在尉迟敬为官多年，经验丰富，闻言立刻跪地叩首，谢绝了皇帝的好意，说："臣的妻室虽然出身卑微，但与臣共贫贱同患难已经几十年了；再者，臣虽然不学无术，但也知道古人富不易妻的道理，所以迎娶公主一事，实在非臣所愿。"

李世民微笑颔首，没再说什么，这件事也就这样不了了之。

其实尉迟敬德很清楚，皇帝并不是真想把女儿嫁给他。之所以没头没脑地说这么一句话，其实是想表明对他的信任和恩宠罢了。换句话说，皇帝的这种美意只能"心领"，绝不能"实受"。

就是在这种反复的君臣博弈之中，尉迟敬德居安思危的忧患意识越来越强烈，到了贞观十七年，59岁的尉迟敬德就不断上疏"乞骸骨"（请求退休），随后便以开府仪同三司的荣誉衔退休回家。

尉迟敬德已有意识地淡出现实政治，追求栖心于神仙道术了。史称"敬德末年笃信仙方，飞炼金石，服食云母粉，穿筑池台，崇饰罗绮，尝奏请商乐以自奉养，不与外人交通，凡十六年"。

直到唐高宗显庆三年（658年）去世，尉迟敬德基本上一直保持着这种远离政治的生活方式。这一点和李靖晚年"阖门自守，杜绝宾客"的结局是如出一辙。

■ 故事感悟

尉迟恭身为开国大将，在"君疑臣必死"的封建王朝之中，不以功自傲，懂得如何收敛自己，晚年栖身于神仙道术。藏锋露拙，明哲保身，大智若愚，其处世之道值得我们借鉴。

■ 史海撷英

尉迟敬德与太原柳巷

隋朝末年，天下大乱，群雄逐鹿，尉迟敬德从家乡来到山西的首府太原（古称并州）。

刚到太原时，尉迟敬德不仅没有施展自己的抱负，还曾流落街头。有一位老太太的孙子被隋朝皇帝征去挖运河，病死在工地上，所以当老太太看到与自己孙子年纪相仿的尉迟敬德流落街头时，十分不忍，就把他叫到自己家，拿出衣物和粮食救济他。

后来，尉迟敬德成了秦王李世民的左膀右臂，终于打回了并州城。在攻城的前一天晚上，尉迟敬德感念老太太当年对自己的恩情，找到老太太，告诉她，只要在门前插一根柳条，就不会遭到军队的骚扰和袭击。老太太知道后，为了防止乡亲们也遭受战争的侵袭，就连夜通知了村里所有的人家。

第二天，整个村子家家门前都插着柳条，尉迟敬德的军队看到柳条后全部绕道走，没有骚扰一家一户，整村的村民都得救了。

随着时间的流逝，柳条落地生根，长成了粗大的垂柳，柳巷之名也便流传开了。每到烟花三月，纷飞的柳絮就会向世人展示老太太救人的功德和尉迟敬德知恩图报的胸怀。

■文苑拾萃

尉迟将军

（唐）刘威

天仗拥门希授钺，重臣入梦岂安金。
江河定后威风在，社稷危来寄托深。
扶病暂将弓试力，感恩重与剑论心。
明妃若遇英雄世，青冢何由怨陆沉。

读鄂公传

（唐）白居易

高卧深居不见人，功名抖搂似灰尘。
只留一部清商曲，月下风前伴老身。

李靖"阖门自守"

◎多力而不伐功。——《墨子》

李靖(571—649),字药师,汉族,雍州三原(今陕西三原县东北)人。李靖出生于官宦之家,是唐初杰出的军事家。他才兼文武,出将入相,为唐朝的统一与巩固立下了赫赫战功。李靖写有《李靖六军镜》等多部兵书,大都已经失传,后人编辑了《唐太宗李卫公问对》,在北宋时期列入《武经七书》,是古代兵学的代表著作。

贞观四年(630年)春天,名将李靖一举平灭了东突厥,为大唐帝国立下了不朽之功。但是在凯旋之日,本来满腔豪情准备接受嘉奖的李靖却突然被人参了一本。

参奏李靖的人,是时任御史大夫的温彦博,弹劾的理由是"李靖军无纲纪,致令虏中奇宝,散于乱兵之手"。听到自己被弹劾的消息,李靖心中得胜凯旋的喜悦还没退去,功高不赏的忧惧已经袭来。"虏中奇宝,散于乱兵之手?"李靖一边硬着头皮入宫觐见皇帝,一边回味着这个让人莫名其妙的弹劾理由。

李靖不知道温彦博人在朝中,是怎么知道数千里外的乱兵哄抢突厥宝物的。就算他所说的属实，可自古以来，在外征战的将士一旦打了胜仗，随手拿几件战利品也是常有的事，有必要上奏弹劾吗？更何况，相对于"平灭突厥"这样的不世之功，那几件所谓的"虏中奇宝"又算得了什么？

这种事其实是可大可小的。往小了说，就是个别士兵违抗主帅命令，犯了军纪，大不了抓几个出来治罪就是了；往大了说，却是主帅纵容部属趁机掳掠、中饱私囊，不但可以把打胜仗的功劳全部抵消，而且主帅完全有可能为此而锒铛入狱、前程尽毁。李靖大感恐惧。他不知道此时此刻会不会有一只"兔死狗烹、鸟尽弓藏"的翻云覆雨的手正在皇宫大殿上等着自己。

见到太宗李世民的时候，李靖内心的恐惧几乎达到了顶点，因为李世民的脸上果然罩着一层可怕的冰霜。接下来发生的事情似乎都在李靖的预料之中。李世民根据温彦博奏疏中提到的那些事端和理由，把李靖劈头盖脸地训斥了一顿，然而却矢口不提此战的功勋。李靖不敢辩解，更不敢邀功，只能频频叩首谢罪。

后来的日子里，李靖颇有些寝食难安，时刻担心会被皇帝找个理由杀了。有一天，太宗忽然又传召他进宫。李靖带着一种赴难的心情去见皇帝。这回皇帝的脸色平和了许多。太宗用语重心长的口吻对他说："从前隋朝的将领史万岁击败西突厥的达头可汗，回朝后却有功不赏，被随便安了一个罪名就杀了。这些事情相信你也很清楚，不过你放心，朕是不会干这种杀戮功臣的事情。朕想好了，决定赦免你的罪行，奖励你的功勋！"

听完这一席话，李靖顿时感激涕零，连日来忧愁恐惧的心情一扫而光，取而代之的是一种喜获重生的庆幸和感恩。随后李世民就下诏加封李靖左光禄大夫，赐绢千匹，并赐食邑（与前共计）500户。

又过了几天，李世民对李靖说："前些日子有人进谗言，说了一些对你不利的话。朕现在已经意识到这一点了，你可千万不要为此介怀啊！"随即又赐绢2000匹，拜李靖为尚书右仆射。

那一刻，李靖真的有一种冰火两重天之感。几天前还在担心被"兔死狗烹"，现在居然频频获赏，并且出将入相、位极人臣。如此跌宕起伏、乍起乍落的境遇真是让他不胜唏嘘，无限感慨。

换言之，李靖算是结结实实地领教了一回天子的"恩威"：一边是皇恩浩荡，如"慈母之手"化育万物；一边又是天威凛凛，如"钟馗之剑"森冷逼人！李靖在感恩戴德之余，不免惶恐之至，从此平添了几分临深履薄的戒慎之心。

此事之后，当贞观九年李靖再度出师大破吐谷浑却又再次遭人诬告谋反时，他汲取了上次的教训，赶紧闭门谢客、低调做人。虽然史书称太宗很快就把诬告的人逮捕治罪，证实了李靖的清白，可李靖却从此"阖门自守，杜绝宾客，虽亲戚不得妄进"。

■故事感悟

李靖身为唐王朝开国大将，功勋卓著。然而，在封建君主专制体制之下，武将功臣必然会为君主所忌，明智的选择便是在功成名就之后，低调做人，明哲保身。李靖明白了这个道理，因此"阖门自守"。我们应学习李靖急流勇退的明智与风度。

■史海撷英

少年英才李靖

李靖出生于官宦之家，是隋朝大将韩擒虎的外甥，其祖父李崇义曾任殷州刺史，封永康公；父亲李诠仕隋，官至赵郡太守。

由于受家庭的熏陶，李靖从小就有"文武才略"，又颇有进取之心，他曾对父亲说："大丈夫若遇主逢时，必当立功立事，以取富贵。"舅父韩擒虎每次与李靖谈论兵事，都拍手称绝，并抚摩着他说："可与论孙、吴之术者，惟斯人矣。"

李靖先任长安县功曹，后历任殿内直长、驾部员外郎。他的官职虽然卑微，但才干却闻名于隋朝公卿之中。吏部尚书牛弘称赞他有"王佐之才"，隋朝大军事家、左仆射杨素也抚着坐床对他说："卿终当坐此！"

■文苑拾萃

《李卫公问对》

《李卫公问对》又名为《唐太宗李卫公问对》《李靖问对》，或简称《唐李问对》《问对》等，是由唐代著名军事家李靖所撰，也是唐太宗李世民与李靖讨论军事问题的言论辑录。

现存的《李卫公问对》共三卷，分为上、中、下三部分，共一万余字，记录了唐太宗与李靖问答98条。内容丰富，大多联系了唐以前的战例以及太宗、李靖本人的亲身经历，参照历代兵家言论，围绕着夺取主动权、奇正、虚实、主客、攻守、形势等问题进行讨论，阐述其军事思想。

在《李卫公问对》中，曾又多处对《孙子兵法》的命题进行了阐发，因而丰富和发展了《孙子兵法》的思想。该书在中国历史上产生了较大的影响，在宋代被列入《武经七书》中，成为武科必读之书。

汤和善终

◎始制有名，名亦既有，夫亦将知止，知
止可以不殆。——《老子》第三十二章

汤和（1326—1395），字鼎臣，汉族，濠州（今安徽凤阳东北）人，明朝开国功臣、抗倭英雄、军事家。汤和幼年丧父，和朱元璋是好友，后参加郭子兴农民起义军，写信邀请朱元璋参加义军；后随朱元璋征战，功勋卓著，屡建奇功，被封为中山侯。于洪武二十八年（1395年）八月卒，追封东瓯王，谥襄武。

明太祖朱元璋可谓历史上最能残杀功臣的帝王了。为了可以永久地延续他的朱明王朝，朱元璋对可能威胁到皇权的功臣宿将毫不留情，一个个罗织罪名，将其逮捕问斩，有的甚至诛灭九族。唯有信国公汤和一直太平无事，而且朱元璋对他恩宠有加，并把汤和作为功臣楷模大加推崇。汤和到底有什么独到之处可以安享太平呢？

汤和是明朝时期的一员武将，他彪悍粗犷，曾跟随朱元璋四处征战。大明朝刚刚建立之初，汤和也有些不拘小节，恣意妄行。在镇守常州时，他就说过对朱元璋不满的醉话。论功行赏之时，最初仅封了个中山侯，还不如资历、地位、功劳均不及自己的卫国公邓愈，这令汤和心里颇为不满。

让汤和更没想到的是，朱元璋在封赏公侯之时，竟然当着文武百官的面申斥汤和醉酒妄说，故而降低汤和的爵位，令汤和十分难堪。但是，这也给汤和提了个醒：原来朱元璋如此心胸狭窄，对陈年旧怨都牢记不忘。认清形势的汤和，从此完全变了个样子，再也不胡言乱语、大胆妄为了。在庆功宴后第二天，许多武将因多喝了几杯酒而没有上朝，就连一向谨慎的徐达也未上朝。汤和虽然好酒，可第二天仍然早早上朝，为此得到了朱元璋的褒奖。

后来在带兵攻打四川期间，汤和宁可小心进兵，也不留下任何不遵法令的口实。伐蜀虽不利，朱元璋不但未加罪于汤和，反倒赏了他家乡濠州5000亩官田，可谓因祸得福。

与汤和相比，德庆侯廖永忠就不够明智了。廖永忠本来功劳赫赫，也属封公之列，可是廖永忠耐不住性子，封赏之前就向丞相杨宪私下打听，并宣扬自己劳苦功高，结果引来了朱元璋的忌恨，仅封了一个德庆侯，排位还靠后。而且在封赏之时，也被朱元璋申斥。

此后，廖永忠虽然知耻后勇，伐蜀时拼命打开瞿塘天险，立下大功，但他还是没有掌握好分寸，闻听朱元璋赏赐汤和5000亩官田时，心中妒忌不满，便挟功向朱元璋讨要家乡巢湖的5000亩官田，被朱元璋认为恃功邀宠，向朝廷讨价还价，严加斥责。

后来，朱元璋巡幸濠州期间，廖永忠不甘寂寞，暗中提示自己为朱元璋立下淹杀"大宋"皇帝韩林儿这一功劳，简直让朱元璋恨得咬牙切齿。

回京后不久，朱元璋就以谋反罪处死了廖永忠。廖永忠也是朱元璋最早杀掉的武将。

汤和小心翼翼，虽然获得了一时的安宁，但由于朱元璋向来对武将疑忌，总担心他们会在自己死后谋反，到时没有人驾驭得住，朱明王朝会改朝换代。出于这样的忧虑，朱元璋不断加大对武将的清洗力度，一个个当年的擎天之柱都被杀害了。此时，汤和便作出了告老还乡的决定，不再留恋炙手可热的权位。

汤和向朱元璋告老，朱元璋大喜过望，不费吹灰之力就解除了汤和的兵权，除去了心中的忧虑。为此，朱元璋还专门赐宴宫中，亲自为汤和把盏，并命人为汤和在凤阳修建府邸，好使汤和衣锦还乡。汤和的这一退避行为，既赢得了朱元璋发自内心的好感，又保住了自己下半生的太平。

汤和告老回乡之后，一概不理政务。为了麻痹朱元璋，在京逗留期间，汤和还专门从苏杭一带买回了些妙龄女子，为他弹唱跳舞，并四处收集奇珍异宝，给人一种纵情声色、不思进取的感觉。

汤和的这些表现让朱元璋甚是欣慰。从此，朱元璋再也不用提防汤和了，而且每每念及此人，还总是想起他的好处，而没有一丝的恶感。

后来，汤和每隔一年半载便回朝拜见朱元璋，禀报自己的所作所为，让朱元璋心中有数，不妄加揣测他的行为。每次禀报时，汤和都说这样的话："臣每天望京拜阙，遥祝陛下身心安康，国家长治久安，而后才敢放任自乐。"这几句话说得朱元璋龙颜甚悦。

汤和回居故里后，朱元璋赐给他300名带刀侍卫，保护汤和的安全。后来，李善长向他借用这300名侍卫修缮府邸，汤和认为没什么就答应了。两个月后，汤和闻听朱元璋要惩处李善长，赶忙千里迢迢地进京向朱元璋禀明此事，以免落下莫须有的罪名。此后，李善长以叛逆罪被诛九族，而汤和暗自庆幸，多亏自己及时禀明，否则也许会像李善长一样，丢了脑袋也大有可能。

□故事感悟

汤和外粗内细，善于从细微处发现苗头，有的放矢，消除祸患。当他得知朱元璋不喜自己好酒妄说，立即彻底改变，每次拜见朱元璋之前绝不饮酒，亦不因酒误事；说话更是小心翼翼，不肯多说一句话；目睹诸多功臣因恃功邀赏遭疑忌而被诛，汤和自请致仕，隐居故里。有舍才有得，能退才能进。在封建君主专制体制之下，汤和的做法是明智的。

□史海撷英

汤和好酒

汤和毕生都十分好酒。史料中多有记载，说汤和"颇有酒过"。不过，汤和喝酒虽然常常有过，但有时却似乎是故意装出来的。在《汤和传》中曾记载着这样一件事："守常州时，尝请事于太祖，不得，醉出怨言曰：'吾镇此城，如坐屋脊，左顾则左，右顾则右。'太祖闻而衔之。"

其实，汤和这时候是十分清醒的。当时，汤和镇守常州，曾经有事请示太祖朱元璋，但却没有得到批准。汤和觉得很郁闷，就喝酒，然后说出了这样一段怨言。汤和这样做的用意其实是想向朱元璋表明：我汤和不过是一个胸无大志之人，为了一点小事就会酒后胡言，而且酒话中要争的，也不过是一点功劳而已。

拂晓行军诗

（明）朱元璋

忙着征衣快着鞭，回头月挂柳梢边。
两三点露不成雨，七八个星犹在天。
茅店鸡声人过语，竹篱犬吠客惊眠。
等闲推出扶桑日，社稷山河在眼前。

第四篇
处世以庸循乎大道

姜太公藏器待时

◎君子藏器于身，待时而动。——《易·系辞》下

呂尚（？—约前1015），姜姓，吕氏，名尚，字子牙，号飞熊，被尊称为太公望，后人多称其为姜子牙、姜太公，汉族（华夏族），东海上（今安徽临泉县姜寨镇）人，著有《六韬》，是经典兵书之一。

姜太公是齐国的缔造者、最高军事统帅、西周的开国元勋，齐文化的创始人，亦是中国古代的一位影响久远的杰出韬略家、军事家与政治家。历代典籍都公认他的历史地位，儒、道、法、兵纵横诸家皆追他为本家人物，被尊为"百家宗师"。

姜子牙年轻时候曾做过宰牛卖肉的屠夫，也开过酒店卖过酒，聊补无米之炊。但是，姜子牙人穷志不短，无论宰牛也好，还是做生意也好，始终勤奋刻苦地学习天文地理知识和军事谋略，研究治国安邦之道，期望着能有一天为国家施展才华。

虽然姜子牙满腹经纶、才华出众，但是商纣王无道，他的才学无从发挥，于是从商不仕，朝歌宰牛，孟津卖酒。他年过70已满头白发，仍在寻机施展才能与抱负。

后来，姜子牙听说西周文王礼贤下士，励精图治，便来到西周，垂

钓于渭滨。

文王出猎遇到吕尚，通过交谈，认为他是不可多得的人才。文王回去后，第二天向大臣们说，他夜里做了一个梦，天上飞来一个熊，这是上天赐给他的辅弼人才，于是斋戒沐浴，驾车往迎飞熊。"飞熊"是吕尚的道号。周文王与吕尚一起坐车返回，并立他为师。这时吕尚已年逾80。吕尚一登龙门，身价百倍。他充分发挥自己的才学，辅弼文武二王，兴周灭商。

■ 故事感悟

姜太公一生寒微，择主不遇，但他能动心忍性，等待时机，终遇明主。藏器待时，而不所事非人，需要极大的耐心与智慧。

■ 史海撷英

武王伐纣

约公元前1046年，周武王在进军到距朝歌70里的牧野举行誓师大会，列数了商纣王的诸多罪状，之后带领军队与商纣王进行决战。

这时，商纣王才停止歌舞宴乐，与贵族大臣们商议抵抗武王的对策。但此时，纣王的军队主力在其他地区，一时调不回来，只好将大批的奴隶和俘虏武装起来，凑了17万人开向牧野。可是，纣王的军队刚与周军相遇，就掉转矛头引导周军杀向纣王。结果纣王大败，连夜逃回朝歌，眼见大势已去，只好登上鹿台放火自焚。周武王完全占领商都，宣告商朝灭亡。

《六韬》

《六韬》又称《太公六韬》《太公兵法》，为姜子牙所著，是一部集先秦军事思想之大成的著作，对后代的军事思想有很大的影响，被誉为是兵家权谋类的始祖。

司马迁在《史记·齐太公世家》中称："后世之言兵及周之阴权，皆宗太公为本谋。"

北宋神宗元丰年间，《六韬》被列为《武经七书》之一，为武学的必读之书。

范雎全身离相位

◎生而不有，为而不恃，功成而不居。——《老子》

> 范雎（生卒年不详），祁姓，范氏，名雎，字叔，战国时魏人，著名政治家、军事谋略家。范雎早年出使齐国，被魏中大夫须贾所诬，历经磨难后辗转入秦。他同商鞅、张仪、李斯先后任秦国丞相，对秦的强大和统一天下起了重大作用。

战国时期，魏国的范雎因被诬陷被迫流亡，辗转到了秦国。之后，范雎用"远交近攻"的策略说动秦昭王，被秦昭王拜为客卿。他为秦昭王出谋划策，废黜了专权的宣太后，驱逐了把持朝政的穰侯、高陵君、华阳君、泾阳君等人，维护了昭王的绝对权威。于是，昭王拜范雎为相国，封应地，号为应侯。

范雎做了相国后，更是屡建奇功，成为秦昭王最信任的人。他得志不忘故人，保举把他从魏国带到秦国的王稽做河东太守，又保举在魏国救过他的郑安平做了将军。

后来，郑安平带领两万人投降了赵国，王稽也犯了通敌罪被杀头。根据秦国的法令，举荐者也应治罪。虽然秦昭王考虑到范雎的功劳很大没有治罪，但范雎自己心里感到不自在。

这时，燕国人蔡泽来到秦国。他为了见到范雎，先托人在范雎面前说了一番激怒他的话："燕国来了一位说客蔡泽，非常能言善辩。他说如果他一旦见到昭王，昭王一定会不重视你并夺去你的相位。"范雎听后，决定见一见这个不速之客。

　　蔡泽见范雎时，气宇轩昂，谈吐不凡，范雎不得不服。蔡泽对范雎说："人们常说，太阳运行列中天便要偏西，月亮圆满便要亏缺。物盛则衰，这是天地间的自然规律。你现在功劳很大，官位到了顶点，秦王对你的信任也无以复加，正是退隐的好时机。这时退下来，还能保住一生的荣耀，不然的话，必有灾祸。这方面的教训是很多的。想当年，商鞅为秦孝公变法，使秦国无敌于天下，结果却遭到车裂而死；白起率军先攻楚国，后打赵国，长平之战杀敌40万，最后还是被迫自杀。又如吴起，为楚悼王立法，兵震天下，威服诸侯，后来却被肢解丧命；文种为越王勾践深谋远虑，使越国强盛起来，报了夫差之仇，可是最终还是被越王所杀。"

　　范雎听后，不禁耸然动容。稍稍停了一会儿，蔡泽又说："这四个人都是在功成名就的情况下不知退隐而遭受的祸患。这就是能伸而不能屈，能进而不能退啊！倒是范蠡明白这个道理，能够超脱避世，做了被人称道的陶朱公。《逸书》说：'成功之下，不可久处。'你何不在此时归还相印，让位给贤能的人，自己隐居山林，永保廉洁的名声、应侯的地位，世世代代享受荣耀呢？"

　　蔡泽的话终于说服了范雎，于是，他待蔡泽为上客。过了几天，范雎向秦昭王介绍了蔡泽，说服昭王拜蔡泽为相国，自己托病归还了相印。

　　就这样，范雎急流勇退，全身离开了相位。

■故事感悟

范雎如果不急流勇退，等待自己的下场难以预料。付出生命事小，半生奋斗，一世英名也随之付诸东流事大。急流勇退是一种回避，避开矛盾激化的可能性，避开那种可能会造成的令人痛心的局面。在一生奋斗到顶点，眼看着事业已到尽头时戛然而止，全身而退，才是明智的选择。

■史海撷英

远交近攻

远交近攻，语出《战国策·秦策》。范雎曰："王不如远交而近攻，得寸，则王之寸；得尺，亦王之尺也。"这是范雎说服秦王的一句名言。

战国末期，七雄争霸。秦国在经过商鞅变法之后，势力发展最快，于是，秦昭王就开始图谋吞并六国，独霸中原。

公元前270年，秦昭王准备兴兵伐齐。此时，范雎向秦昭王献上"远交近攻"的策略，阻秦国攻齐。他说："齐国势力强大，离秦国又很远，攻打齐国，部队要经过韩、魏两国。军队派少了，难以取胜；多派军队，打胜了也无法占有齐国土地。不如先攻打邻国韩、魏，逐步推进。"

为了防止齐国与韩、魏结盟，秦昭王便派使者主动与齐国结盟。其后的40余年中，秦始皇继续坚持"远交近攻"之策，远交齐楚，首先攻下郭、魏，然后又从两翼进兵，攻破赵、燕，统一北方；攻破楚国，平定南方；最后把齐国攻破了。

秦始皇征战十年，终于实现了统一中国的愿望。

卫青功昭不傲

◎兼山，艮，君子以思不出其位。——《周易》

> 卫青（？—前106），西汉军事家，字仲卿，汉族，河东平阳（今山西临汾市）人。卫青是西汉时期能征善战、为汉朝北部疆域的开拓作出过重大贡献的将领，也是中国历史上为人熟知的常胜将军，是霍去病的舅舅，与霍去病并称"帝国双璧"。卫青开启了汉对匈战争的新篇章，七战七捷，无一败绩，为历代兵家所敬仰。

卫青的母亲曾在平阳公主的夫家做女仆，由于丈夫姓卫，她就被称为卫媪。

丈夫死后，卫媪仍留在平阳侯家中帮佣，与同在平阳侯家中做事的县吏郑季私通，生了卫青。后来，卫媪感觉供养孩子非常艰苦，就把卫青送到了亲生父亲郑季的家里。

但是，郑季的夫人根本看不起这个私生子，便让卫青到山上放羊。郑家的几个儿子也不把卫青看成手足兄弟，经常随意苛责他。卫青就是在这样的环境下长大的，所受的苦难也在他的性格形成上打下了深深的烙印。

建元二年（公元前139年）春，卫青的姐姐卫子夫被汉武帝选入宫中，卫青随即也被召到建章宫当差。元光六年（公元前129年），匈奴又一次兴兵南下，前锋直指上谷（今河北省怀来县）。汉武帝果断地任命卫青为车骑将军，迎击匈奴。从此，卫青便开始了他的戎马生涯。

次年，匈奴反攻，冲破雁门，长安震恐。卫青临危受命，率军三万，趁匈奴长驱直入疲惫之际，发动了一次风驰电掣般的突袭。卫青一马当先冲在前面厮杀，士卒备受鼓舞，士气大振，斩杀匈奴上千人。

后宫卫子夫生下了一个儿子，汉室有后，卫子夫理所当然成为皇后。卫氏家族在这一年里，把所有好事全占了，无论在前线还是在后宫。

在十年之中，卫青前后出征七次，他治军严明，能与士卒同甘共苦，作战骁勇，多数都是长驱直入，指挥大规模的战役，最后官拜大司马大将军。在两汉时期，左右朝政的外戚大多是靠裙带关系窃居高位的，而卫青、霍去病却是出生入死，浴血奋战，为国家作出了重大贡献。正因为如此，即使后来卫皇后失宠，二人在朝廷的地位也丝毫没有受到影响。

按《史记》记载，他所得的封邑总共有1.67万户，《汉书》记载为2.02万户。虽然战功显赫，权倾朝野，但卫青从不结党，更不养士。苏建曾经劝告卫青养士，以获得好的名声，而卫青认为，养士会让天子忌讳，而且作为臣子只需要奉法遵职就可以了，何必去养士呢？而骠骑将军霍去病也与舅舅卫青有着同样的看法。

由于自己出身低微，又深知宫廷险恶，所以卫青处事处处低调，小心谨慎，对汉武帝更是拘谨顺从。由家奴出身的卫青变成了贵极人臣的大将军后，朝中官员无不巴结奉承，卫青为人却一直都谦让仁和，敬重贤才，从不以势压人。唯有汲黯不服，卫青还经常向汲黯讨教。

每次武帝对卫青有要求，卫青都无所不从，这与他一向做事谦恭退让有关。尽管战功卓著，卫青也绝不会功高盖主。武帝高高在上，是他知遇的恩人，是他侍奉的君主。

李广的儿子李敢错认为卫青导致了父亲李广的自杀，击伤了大将军卫青，而卫青却选择了秘而不宣。后来霍去病知道后，射杀了李敢，为舅舅卫青报了仇。

漠北之战后，功高盖主的卫青开始逐渐被汉武帝冷落，汉武帝对霍去病恩宠日盛，霍去病的声望超过了舅舅卫青，过去奔走于大将军门下的许多故旧，也都转到了霍去病门下。卫青门前顿显冷落，可他不以为然，认为这也是人之常情，心甘情愿地过着恬淡平静的生活。也许正是因为少年时的磨难，青年时的浴血，同时走过贫富、贵贱的两端，多舛的命运才使卫青比常人更能经得住那么多的沉浮起落。

元封五年（公元前106年），大司马大将军卫青去世，谥号烈侯，取《谥法》"有功安民曰烈，以武立功，秉德尊业曰烈"之意。

汉武帝命人在自己的茂陵东边特地为卫青修建了一座像阴山（匈奴境内的一座山）的坟墓，以象征卫青一生的赫赫战功。

■ 故事感悟

卫青握兵数载，宠任无比，而上不疑、下不忌，这与他"能避权远嫌故"有直接的关系。居功不傲，处世低调，不仅可以使自己立于不败之地，更能体现出其较高的人生境界。

卫青收复河朔

公元前127年(元朔二年)，匈奴集结大量兵力，进攻上谷、渔阳。汉武帝派卫青率大军进攻久为匈奴盘踞的河南地(黄河河套地区)。

这是西汉对匈奴的第一次大的战役。卫青率领四万大军，采用"迂回侧击"的战术，从西面绕到匈奴军的后方，迅速攻占了高阙(今内蒙古杭锦后旗)，切断了驻守河南地的匈奴白羊王、楼烦王同单于王廷的联系。

随后，卫青又率精骑挥兵南下，进入陇县西，形成了对匈奴白羊王、楼烦王的包围。白羊王、楼烦王见势不好，仓惶率兵逃走。汉军活捉敌兵数千人，夺取牲畜100多万头，完全控制了河套地区。

老将行

（唐）王维

少年十五二十时，步行夺得胡马骑。

射杀山中白额虎，肯数邺下黄须儿。

一身转战三千里，一剑曾当百万师。

汉兵奋迅如霹雳，虏骑崩腾畏蒺藜。

卫青不败由天幸，李广无功缘数奇。

自从弃置便衰朽，世事蹉跎成白首。

昔时飞箭无全目，今日垂杨生左肘。

路旁时卖故侯瓜，门前学种先生柳。

苍茫古木连穷巷，寥落寒山对虚牖。

誓令疏勒出飞泉，不似颍川空使酒。

贺兰山下阵如云，羽檄交驰日夕闻。

节使三河募年少，诏书五道出将军。

试拂铁衣如雪色，聊持宝剑动星文。

愿得燕弓射大将，耻令越甲鸣吾君。

莫嫌旧日云中守，犹堪一战取功勋。

郭解处世以庸

◎愈藏而愈大，愈露而愈少。——唐志契

> 郭解（生卒年不详），字翁伯，汉族，河内轵（今济源东南）人，汉善相人许负的外孙。其父亲因为行侠，孝文帝时被诛。郭解是西汉时期游侠，作为《史记·游侠列传》中的主要人物而著名。郭解长得短小精悍，为人仗义、勇猛，常以德报怨，厚施而薄望，所以人们争相与他交往。若朋友有难或遭怨，必亲自助其报仇；若不愿复仇者，则捐钱使其安居。武帝时被杀。

郭解是汉朝最著名的游侠，年轻时干了不少坏事，只要谁惹着他一点，哪怕是一个眼神不对，他就会暴起杀人。郭解的运气一直不错，被官府缉拿时，往往能在千钧一发之际逃脱，更给他罩上了一层传奇色彩。

年长之后，郭解突然像变成另外一个人，不再像年轻时那样不问青红皂白地乱杀一气了，他认识到那根本是不入流的游侠。郭解成熟了，明辨是非，义字当头，成长为一代大侠。他时时检点自己，以德报怨，替人做事不求回报。

郭解因为名声响亮，不管到哪儿都非常受人尊敬。他能藏锋露拙，显得大智若愚。

郭解为人谦和，从来不与官府发生正面冲突，出入县衙门的时候也不乘车，以示恭敬。即使到别的郡国替人办事，能办成的事情一定办成，不能办成的也尽量让双方都满意，然后才敢上致谢的筵席。

有一次，洛阳有个人因为与他人结怨而心烦，多次央求地方上有名望的人士出来调停，对方就是不给面子。后来他找到郭解，想请他化解这段恩怨。郭解接受了这个请求，亲自上门拜访委托人的对手，做了大量的说服工作，最终使这人同意了和解。

事情协调好后，郭解对委托人说："这个事，听说过去有许多本地有名望的人调解过，但因不能得到双方的共同认可而没能达成协议。这次我很幸运，了结了这件事。我在感谢你的同时，也很担心，由我这个外地人来完成和解，会使本地那些有名望的人感到丢面子。"

郭解接着说："这件事这么办吧，也请你帮我一次，从表面上要做到让人以为我出面也解决不了问题。等我明天离开此地后，再请本地的几位绅士、侠客上门，你把面子给他们，答应了这件事，使他们认为是他们完成了这件事，拜托了！"

照常理，郭解此时不负人托，完成这一化解恩怨的任务就可以走人了。可是郭解还高人一筹，想问题更深远，把一切都做得那么完美。

■故事感悟

郭解顺舍逆取，为人处世审察环境，实施帮助时让对方乐于接受，因此声名远扬。然而，他并非只是单纯利用这种名声而炫耀自己，而是懂得藏锋露拙，处世谦恭，思虑缜密，这更加提高了他的影响力。

游　侠

　　游侠在古代是指那些豪爽好结交、轻生重义、勇于排难解纷的人。《韩非子·五蠹》中称："废敬上畏法之民，而养游侠私剑之属。"游侠性格率真、质朴，无常居之所，四处游走，行侠仗义，汉朝时北方经常可以遇见。

　　游侠精神并不等同于侠义精神，因为前者比后者有更加丰富的内涵和文化意义。在我国两千多年来，这种精神一直是中国传统民间文化的代表之一。

谢安静观时变

◎将军之事，静以幽，正以治。——《孙子·九地篇》

谢安（320—385），字安石，号东山，东晋政治家、军事家，汉族，浙江绍兴人，祖籍陈郡阳夏（今中国河南省太康）。谢安历任吴兴太守、侍中兼吏部尚书兼中护军、尚书仆射兼领吏部加后将军、扬州刺史兼中书监兼录尚书事等职，死后追封太傅兼庐陵郡公，世称谢太傅、谢安石、谢相、谢公。代表作品有《兰亭诗》《洛下书生咏》等。

383年，前秦皇帝苻坚率领号称百万的大军南下，意欲吞灭东晋，统一天下。

当时，东晋的军队数量远远比不上前秦，因此东晋的首都建康一片恐慌。然而丞相谢安认为，敌我兵力虽然悬殊，但敌军孤军深入，内部矛盾重重，战斗力并不太强，东晋以少胜多是完全有可能的。他镇定自若，以征讨大都督的身份负责军事，并派谢石、谢玄、谢琰和桓伊等人，率兵八万前去抵御苻坚的军队。

谢玄心中忐忑，临行前又向谢安询问对策，谢安只是回答了一句："我已经安排好了。"便绝口不谈军事。谢玄心中还是没底，又派下属张玄去打听。张玄去问谢安，谢安仍然闭口不谈军事，却拖着他下围棋。张玄的棋艺本来是远在谢安之上，可是此时兵临城下，张玄沉不住气，结果输了棋。

果然，东晋军队利用前秦军心不稳的弱点，在"淝水之战"中以少胜多，大败敌军。当捷报传来时，谢安正与客人下棋。他看完捷报，便放在座位旁，不动声色地继续下棋。

客人忍不住问他战况如何，谢安淡淡地说："没什么，小儿辈大破贼。"（因为谢玄等是谢安的子侄辈）直到下完了棋，客人告辞以后，谢安才抑制不住心头的喜悦。进屋的时候，他把木屐底上的屐齿都碰断了也没发觉。

谢安不是没有喜怒哀乐，在强敌压境的危急关头，心情不紧张是不可能的。但是，放纵自己的情绪无济于事，只有保持冷静，才能作出正确的判断。谢安的高明之处就在于，能把自己的情绪控制在了合适的范围，所以才取得了成功。

□故事感悟

谢安在大战之前大胜之后都"喜怒哀乐之未发，谓之中，发而皆中节，谓之和"。他的这种境界、胸怀，只有真正成熟的人才能做到。喜怒不形于色是一种高度的自我控制。明代的吕坤说："天地万物之理，皆始于从容，而卒于急促。"又说，"事从容则有余味，人从容则有余年。"从容既是处世之道，又是养生之道。

□史海撷英

淝水之战

淝水之战是发生于公元383年的一场战役。

当时，中国北方的前秦欲灭南方的东晋，两军在淝水（今安徽省寿县的东南方）展开大战，最终东晋仅以8万军力大胜80余万的前秦军。这一战役史称"淝水之战"。战后，还留下了"风声鹤唳""草木皆兵""投鞭断流"等著名成语。

■文苑拾萃

兰亭诗

（东晋）谢安

三春启群品，寄畅在所因。
仰望碧天际，俯磐绿水滨。
寥朗无厓观，寓目理自陈。
大矣造化功，万殊莫不均。
群籁虽参差，适我无非新。

裴度丢印不惊

◎智明然后能择。——《二程集》

> 裴度(765—839),唐朝名相,字中立,汉族,河东闻喜(今山西闻喜)人,唐代中期杰出的政治家、文学家,贞元五年(789年)进士。裴度于宪宗元和时拜相,率兵讨平淮西割据者吴元济,封晋国公,世称裴晋公。后又以拥立文宗有功,进位至中书令。死后赠太傅。《全唐文》存其文两卷,主要是一些律赋和奏疏碑铭;《全唐诗》存其诗一卷;《分门纂类唐歌诗》残本有其诗一首。

唐宪宗时期,裴度任中书令的职位,封为晋国公。

有一天,手下人慌慌张张地跑来向裴度报告说,他的大印不见了。为官的丢了大印可是一件非同小可的事。

可是,裴度听后丝毫不惊慌,只是点头表示知道了,然后他告诫左右的人说:"这件事千万不要张扬,就像没有丢印时一样。"

左右之人见裴中书并不像他们想象得那样惊慌失措,都感到疑惑不解,猜不透裴度心中是怎样想的。更使周围的人吃惊的是,裴度像没有丢印一样,当晚居然在府中大宴宾客,与众人饮酒取乐,十分逍遥自在。

就在酒至半酣时，有人发现大印又被放回原处了。左右手下迫不及待地向裴度报告这一喜讯，裴度依然满不在乎，好像根本就没有发生过丢印之事。

当晚，宴饮十分畅快，直到尽兴方才罢宴，然后大家各自安然歇息了，而左右也始终不能揣测裴中书为什么能如此成竹在胸。

这件事过去好久，裴度才向大家提到丢印当时的处置情况。他对左右说："丢印的缘由想必是管印的官吏私自拿去用了，恰巧又被你们发现了。这时如果嚷嚷开来，偷印的人担心出事，惊慌之中必定会想到毁灭证据。如果他真的把印偷偷毁了，印又从何而找呢？而如今我们处之以缓，不表露出惊慌，这样也不会让偷印者感到惊慌，他就会在用过之后悄悄地放回原处。而大印也不愁失而复得，不会发生什么意外了。所以我就如此那般地做了。"左右听了连连称是。

当然，这样的事不是谁都能做的，这需要有超人的智慧和宽人的胸怀。若不这样做，后面的麻烦就不难想象了。

◎故事感悟

面对一件危险的事，出于本能，许多人都会作出惊慌失措的反应。然而仔细想来，惊慌失措非但于事毫无半点帮助，反而会添出许多乱子来。所以在紧急时刻，临危不乱，处变不惊，冷静地分析形势，那才是明智之举。当然，能这样做是需要有丰富经验、过人智慧以及良好的心理素质的。

◎ 史海撷英

裴度避祸东都

唐宪宗在位期间，裴度在朝中做官，此后他又仕穆宗、敬宗、文宗三朝，在当时有"勋高中夏，声播外夷"的盛名和地位。

但是，由于唐朝后期宦官当道，裴度虽有"将相全才"却不能为天子所用，所以并无多大的作为。而且为避宦官当政，他还退居东都洛阳，立第于集贤里，与诗人白居易、刘禹锡等人酣宴终日，高歌放言，以诗酒琴书自乐，不问政事。

开成三年（838年）冬，裴度因病乞还东都，翌年去世。裴度死后，册赠太傅。

范仲淹激流勇退

◎见险而能止，知矣哉。——《周易》

范仲淹（989—1052），字希文，因母亲改嫁，曾用名朱说，北宋政治家、文学家、军事家，谥号"文正"。汉族，祖籍陕西彬州（今陕西省咸阳市彬县），生于苏州吴县（今江苏省苏州市），真宗大中祥符八年（1015年）进士，恢复范姓，后官至参知政事（副宰相）。范纯仁是他的次子，父子都当过宰相。

范仲淹的文学素养很高，代表作文有《岳阳楼记》，词有《渔家傲》《苏幕遮》，著作为《范文正公集》。

宋朝仁宗庆历年间，官僚队伍庞大，行政效率低，人民生活困苦，辽和西夏威胁着北方和西北边疆。庆历三年（1043年），范仲淹、富弼、韩琦同时执政，范仲淹出任参知政事，富弼任枢密使，欧阳修、蔡襄、王素、余靖同为谏官。宋仁宗责成他们在政治上有所更张以"兴致太平"。

九月，范仲淹呈上一篇《上十事疏》，"一曰明黜陟"，"二曰抑侥幸"，"三曰精贡举"，"四曰择长官"，"五曰均公田"，"六曰厚农桑"，"七曰修武备"，"八曰减徭役"，"九曰覃恩信"，"十曰重命令"。

所列十条经仁宗审阅后，绝大多数先后以诏书的形式颁布施行。这十项主张是"庆历新政"的主要内容。但是，改革的主要内容触犯了官僚大地主阶层的政治经济利益，守旧势力不断从中破坏。宰相章得相唆使台谏官等人对范仲淹等人发难，反对派攻击范仲淹、韩琦为朋党。皇帝很忌讳大臣结为朋党，宋仁宗也不例外。反对派诬蔑韩、范的"朋党"之议，也为宋仁宗终止改革提供了借口。所以，改革失败的真实原因是皇帝不想改革了，而不是因为保守派的反对。因为如果皇帝要想改革，那是谁也阻挠不了的。皇帝提倡改革与终止改革的理由一样，为了自己家的天下。

反对派的夏竦手段卑鄙，他让女奴模仿石介的笔迹，伪造了所谓的石介为富弼撰写的废立草诏。虽然仁宗并不相信，但范仲淹闻讯后却深感不安，意识到改革之难，便采取了激流勇退的对策。

庆历四年六月，范仲淹以秋访为名辞去朝职，出使陕西、河东宣抚使。后来，杜衍、富弼、陈执中均被排挤出朝廷，改革失败。

■故事感悟

激流勇退是智者所为。从范仲淹做官的历程看，在封建社会，伴君如伴虎。因此，在朝堂为官也不能一味地追求仕途，在必要的时候一定要学会急流勇退才行。

■史海撷英

"划粥割齑"

范仲淹从小读书十分刻苦。早年丧父，家境贫寒。他常去附近长白山上的醴泉寺寄宿读书，晨夕之间，便就读讽诵。范仲淹苦读不懈的精神给寺庙里的僧人留下深刻的印象。那时，他的生活极其艰苦，每天只煮一锅稠粥，凉了以后划成四块，早晚各取两块，拌几根腌菜，调上醋汁，吃完继续读书。因此，后世便有了"划粥割斋"的美誉。但是，范仲淹对这种清苦生活却丝毫不介意，而是用全部的精力在书中寻找着自己的乐趣。

■文苑拾萃

渔家傲

（宋）范仲淹

塞下秋来风景异，衡阳雁去无留意。
四面边声连角起。
千嶂里，长烟落日孤城闭。
浊酒一杯家万里，燕然未勒归无计。
羌管悠悠霜满地。
人不寐，将军白发征夫泪。